PROTAGONISMO DE ESTUDANTES SURDOS BRASILEIROS NO SÉCULO XIX

Editora Appris Ltda.
1.ª Edição - Copyright© 2023 dos autores
Direitos de Edição Reservados à Editora Appris Ltda.

Catalogação na Fonte
Elaborado por: Josefina A. S. Guedes
Bibliotecária CRB 9/870

K672p
2024
	Knapik, Danilo da Silva
	    Protagonismo de estudantes surdos brasileiros no século XIX /
	Danilo da Silva Knapik. – 1 ed. – Curitiba : Appris, 2024.
	    185 p. 23 cm. – (Educação, tecnologias e transdisciplinaridade).
	
	    Inclui referências.
	    ISBN 978-65-250-5269-4
	
	    1. Surdos – Educação. 2. Estudantes surdos. 3. Brasil – História –
	Império, 1822-1889. 4. Instituto Nacional de Educação dos Surdos.
	I. Título. II. Série.
	
	                                      CDD – 371.912

Livro de acordo com a normalização técnica da ABNT

Appris
editora

Editora e Livraria Appris Ltda.
Av. Manoel Ribas, 2265 – Mercês
Curitiba/PR – CEP: 80810-002
Tel. (41) 3156 - 4731
www.editoraappris.com.br

Printed in Brazil
Impresso no Brasil

Danilo da Silva Knapik

PROTAGONISMO DE ESTUDANTES SURDOS BRASILEIROS NO SÉCULO XIX

FICHA TÉCNICA

EDITORIAL — Augusto Coelho
Sara C. de Andrade Coelho

COMITÊ EDITORIAL — Marli Caetano
Andréa Barbosa Gouveia - UFPR
Edmeire C. Pereira - UFPR
Iraneide da Silva - UFC
Jacques de Lima Ferreira - UP

SUPERVISOR DA PRODUÇÃO — Renata Cristina Lopes Miccelli

PRODUÇÃO EDITORIAL — Renata Miccelli

REVISÃO — Josiana Araújo Akamine

CAPA E DIAGRAMAÇÃO — Jhonny Alves dos Reis

ILUSTRAÇÕES DA CAPA — Luiz Gustavo Paulino de Almeida

AGRADECIMENTOS

Agradeço primeiramente a Deus, por me conferir a vida e por me conduzir pelo caminho certo de agora e até o por vir.

À Universidade Federal do Paraná, por abrir suas portas à diversidade e aos grupos minoritários como surdos que lutam por igualdade de direitos e acesso aos diferentes e valorosos conhecimentos. À Superintendência de Inclusão, Políticas Afirmativas e Diversidade (Sipad) por oportunizar tradutores intérpretes de Libras que são muito importantes na garantia da acessibilidade para os estudantes surdos. Sem esses profissionais muitas barreiras tornam-se intransponíveis, mas com a presença desses a universidade fica mais inclusiva.

À professora orientadora Laura Ceretta Moreira e a co-orientadora Noemi Nascimento Ansay pela confiança em meu trabalho e por me reconhecer como um surdo de realizar uma pesquisa, assim como em valorizar meu desenvolvimento pessoal. Agradeço também a paciência nas orientações, nas trocas de saberes e a gentileza das leituras do texto.

A Edouard Huet, figura ilustre na história dos surdos brasileiros, por ser responsável em trazer e difundir a língua de sinais em nosso país, assim como a criação da primeira escola de surdos do Brasil. Sem o "Huet", viveríamos sem língua?

Ao Instituto Nacional de Educação dos Surdos (Ines) por disponibilizar o espaço para pesquisa que abriu as portas para acessar registros históricos que possibilitaram a aquisição de diversos conhecimentos. O Ines é referência da história dos surdos brasileiros, a mais antiga que temos.

À Solange Maria da Rocha, pessoa mais que especial, por ser uma maravilhosa profissional que possui uma vasta experiência e conhecimentos históricos sobre a educação de surdos, os quais me ajudaram muito. Agradeço às trocas, aos seus trabalhos e às pesquisas que a tornam minha referência sobre a histórias dos surdos. Almejo seguir seus passos e como você me aprofundar nessa área, que tenho tanto apreço, e espero nunca parar.

Ao Arquivo Nacional, que é um valioso espaço localizado no Rio de Janeiro e que conta com diversos registros históricos, onde pude acessar muitas informações sobre a história da educação dos surdos. Agradeço por me abrirem as portas e oportunizarem a realização da minha pesquisa que ajuda na construção da narrativa histórica.

À família e meus amigos, principalmente por sempre me apoiarem durante o meu processo de doutoramento que apesar de todo o distanciamento que a pandemia exigiu continuaram sempre comigo em grande torcida. Agradeço a todos e todas!!!

NOTA DO AUTOR

Estamos com prazer de informar-lhe que deste livro a ter a versão bilíngue completa — português (escrita) e Libras —, para garantir a acessibilidade linguística para o público surdo. O acesso em Libras pode ser realizado de duas maneiras: a primeira é o uso do QR Code que aparece abaixo do tema de cada capítulo/seção e que é lido por meio de aparelhos, como smartphone, e leva o leitor até uma determinada página eletrônica, como YouTube, como se pode ver na imagem abaixo. A segunda maneira é clicando no link do YouTube que está disponibilizado abaixo do QR Code.

Tenha uma ótima leitura!

Danilo da Silva Knapik

Ilustração: Viviane de Oliveira Angelino

LISTA DE SIGLAS E ABREVIATURAS

AN	–	Arquivo Nacional
AEE	–	Atendimento Educacional Especializado
BND	–	Biblioteca Nacional Digital
BDTD	–	Biblioteca Digital Brasileira de Teses e Dissertações
Caes	–	Centro de Atendimento Especializado para Surdos
Conarq	–	Conselho Nacional de Arquivos
CRL	–	The Center for Research Libraries
Ines	–	Instituto Nacional de Educação de Surdos
INJS	–	Institut National de Jeunes Sourds de Paris
Perae	–	Programa de Escolaridade Regular com Atendimento Especializado
Siga	–	Sistema de Gestão de Documentos de Arquivos
UFPR	–	Universidade Federal do Paraná

SUMÁRIO

1

CONTEXTUALIZAÇÃO DA PESQUISA

https://youtu.be/ZhzDWU1Zc0M

O que une as pessoas? Exércitos? Ouro? Bandeiras? Histórias. Não há nada no mundo mais poderoso que uma boa história. Nada pode parar isso. Nenhum inimigo pode derrotá-la.

(Tyrion Lannister – Game of Thrones, 2019, Temporada 8, Episódio 6)

A epígrafe escolhida para iniciar este trabalho remete à fala de Tyrion Lannister, personagem vivido pelo ator norte-americano Peter Dinklage, no seriado Game of Thrones[1]. Tyrion Lannister profere essa frase durante a votação para a escolha do novo rei dos Sete Reinos. Naquela ocasião, Tyrion sugere a Bran Stark[2] adotar a postura exposta na epígrafe. Bran Stark, por sua vez, tem um conturbado passado, pois, na infância, depois de escalar uma torre, flagrou um casal de irmãos em pleno ato sexual — e a mulher era a esposa do rei da região. Com medo de que Bran revelasse o que viu, um dos irmãos o empurrou do alto da janela da torre. Embora não tenha morrido, ele ficou deficiente, sem poder andar.

Com medo de ser capturado por seus algozes, Bran Stark, que tinha sangue nobre por ser filho de um senhor importante, foge para longe das terras além das muralhas. Já bem distante de onde estava, ele aprende

---

[1] Game of Thrones é uma série de televisão norte-americana criada por David Benioff e D. B. Weiss, produzida pela HBO e baseada na série de livros *A Song of Ice and Fire*, escrita por George R. R. Martin. A primeira temporada da série estreou em 17 de abril de 2011 e a última (a oitava), em 14 de abril de 2019.

[2] Esse personagem é interpretado pelo ator britânico Isaac Hempstead-Wright.

poderes com o feiticeiro, chamado o Corvo de Três Olhos[3], que possui a capacidade de viajar no tempo e visualizar todos os acontecimentos passados de guerras, tramas e mortes.

Na breve síntese narrada até aqui, o rei está morto e, por isso, é necessário que alguém o substitua. E é justamente no momento da escolha do novo rei que Tyrion profere a fabulosa frase em relação ao poder de uma boa história.

Embora o episódio narrado tenha sido extraído de uma série de ficção, vale dizer que o apontamento feito sobre a relevância dos registros históricos me fez pensar como uma história pode ser muito significativa quando bem fundamentada e contada.

Nesse sentido, é fundamental pensar como os discursos são capazes de revelar a sabedoria, o conhecimento e a memória histórica. Michael Pollak (1989) aponta a importância de memórias subterrâneas como parte integrante das culturas minoritárias.

> Aplicada à memória coletiva, essa abordagem irá se interessar, portanto, pelos processos e atores que intervêm no trabalho de constituição e de formalização das memórias. Ao privilegiar a análise dos excluídos, dos marginalizados e das minorias, a história oral ressaltou a importância de memórias subterrâneas que, como parte integrante das culturas minoritárias e dominadas, se opõem à "Memória oficial", no caso a memória nacional. Num primeiro momento, essa abordagem faz da empatia com os grupos dominados estudados uma regra metodológica e reabilita a periferia e a marginalidade. Ao contrário de Maurice Halbwachs, ela acentua o caráter destruidor, uniformizador e opressor da memória coletiva nacional. Por outro lado, essas memórias subterrâneas que prosseguem seu trabalho de subversão no silêncio e de maneira quase imperceptível afloram em momentos de crise em sobressaltos bruscos e exacerbados. A memória entra em disputa. Os objetos de pesquisa são escolhidos de preferência onde existe conflito e competição entre memórias concorrentes. (POLLAK, 1989, p. 4).

É possível pensar, com base no pensamento de Pollak (1989), o quanto a história dos surdos se encontra em memórias subterrâneas. Em outras palavras, de maneira metafórica, é como se a história dos surdos estivesse

---

[3] É um personagem interpretado pelo ator britânico Struan Rodger na quarta temporada e pelo sueco Max von Sydow na sexta temporada.

escondida ou guardada nas profundezas de uma grande montanha, em absoluto sigilo. Com efeito, entre as intenções desta pesquisa está a de buscar, recuperar e explorar memórias não narradas de sujeitos surdos(as) e suas fontes históricas, assim como lançar luz sobre elas e revelar importantes narrativas históricas.

Por que usar memórias subterrâneas? Porque a história da surdez ao longo do tempo sempre foi contada como a história dos excluídos, dos exterminados, daqueles que são desprovidos de direitos. Lembremos do Congresso Internacional de Milão, de 1880, que foi considerado um marco histórico na educação de surdos. Trata-se de um evento que adotou o método oral, pois acreditava que a fala (ou língua oral) é única possibilidade de conferir humanidade ao indivíduo surdo. Esse episódio ajudou a narrar uma história de sofrimento e marginalização dos(as) surdos(as).

No período anterior ao Congresso de Milão, época em que viveu Charles-Michel de l'Épée[4], foram fundadas muitas escolas de surdos(as). Da mesma forma, naquele período, também se iniciou a organização surda por meio de associações de surdos(as). Todavia, essa história parece ter sido soterrada, haja vista a supremacia do Congresso de Milão, que destacou fortemente a oralização e tudo o que decorria dessa perspectiva, invisibilizando, portanto, a importante história da comunidade surda e suas experiências. É por essa razão que o resgate das vivências registradas e a construção de uma narrativa histórica sobre essa comunidade são tão primordiais.

As narrativas históricas surdas são, em sua maioria, contadas por ouvintes e desde as perspectivas desses últimos, como no caso do Congresso de Milão. Arbitrariamente, certas memórias foram escolhidas como oficiais para a construção de seus enredos. A partir de então, muitas escolas adotaram o método oral como única opção para a educação dos(as) surdos(as). Em contraposição a isso, o movimento surdo se fortaleceu e se engajou justamente no reconhecimento da língua de sinais, da cultura e da identidade da comunidade surda. Com isso, o movimento surdo vem conquistando cada vez mais espaços acadêmicos, indispensáveis para a produção de conheci-

---

[4]   Charles-Michel l'Épée (1712-1789) foi um educador religioso francês, conhecido como o "Pai dos surdos" e um dos pioneiros na defesa do uso da língua de sinais na educação. Viveu em Paris, onde conheceu duas irmãs surdas que se comunicavam por meio de "gestos" e surdos carentes que mendigavam pelas ruas. Ele desenvolveu um método de comunicação chamado "gestualismo", que combinava escrita e sinais para alfabetizar os(as) surdos(as). Defendia que a língua de sinais constituía a forma de linguagem "natural" dos(as) surdos(as) e se tratava de um verdadeiro meio de comunicação e de desenvolvimento do pensamento. Fundou a primeira escola pública para surdos(as) no mundo, a Institution Nationale des Sourds-muets de Paris — atual Institut National de Jeunes Sourds de Paris (INJS) —, em 1760, e mais 21 escolas de surdos(as) na França (SILVA, 2016, p. 27-28).

mento em diversas áreas, por exemplo, a história do(a) surdo(a) como um sujeito subalterno[5], que pode desenterrar narrativas históricas contadas a partir de uma perspectiva surda.

Segundo Pollak (1989, p. 5), "as memórias subterrâneas conseguem invadir o espaço público, reivindicações múltiplas e dificilmente previsíveis se acoplam a essa disputa da memória". Essa afirmação nos permite ponderar que o povo surdo está na comunidade surda e é nela que eles concebem a importância dos registros históricos, pois eles unem uma "boa história" a elementos da memória contra as práticas ouvintistas, de normalização e de Audismo[6].

Os "fenômenos de dominação, a clivagem entre memória oficial e dominante e memórias subterrâneas, assim como a significação do silêncio sobre o passado" (POLLAK, 1989, p. 5) ganham sentido no discurso, registrado no início deste texto, da personagem de Tyrion Lannister. É importante que a história não permaneça contada apenas à luz da memória oficial, que se fortalece justamente pelo apagamento das memórias subterrâneas, pois a legitimidade de quem a viveu não pode ser apagada.

Posto isso, entendo que esta obra seja um espaço de posicionamento político, pois reúne as vozes de várias minorias, que compartilharam experiências muito parecidas. Compreende-se que a voz de minorias se constitui como um importante ponto de partida para a construção de relevantes discussões em suas dimensões política, social e acadêmica.

Nesse sentido, urge apresentar-me como uma voz que possui suas memórias, as quais também vivenciaram o subterrâneo. Durante a infância, com aproximadamente 8 anos, frequentei uma escola especial[7] para surdos(as). Certo dia, refleti e questionei minha mãe se eu morreria muito jovem. Ela, impressionada com tal reflexão, perguntou por qual razão eu pensava dessa forma. Respondi que tal pensamento se baseava no fato de

---

[5] O pesquisador britânico surdo Paddy Ladd define "a posição da resistência em fazer novas narrativas sobre si, a partir da própria experiência cultural contra as representações de deficiência e incapacidade produzidas historicamente" (TERCEIRO, 2018, p. 18).

[6] O termo *"Audism"*, em inglês, foi inicialmente empregado pelo pesquisador surdo estadunidense Tom L. Humphries, em 1977, significando a visão de que um ser é superior por sua capacidade de ouvir ou se comportar à maneira de quem ouve, ou que a vida sem audição é inútil, miserável ou patológica, o que constitui um estigma e uma discriminação contra quem não ouve ou sofre alguma deficiência auditiva.

[7] Era uma instituição especializada, que realizava atendimento exclusivo para surdos(as), de forma substitutiva ou complementar (em contraturno) ao ensino regular. A escola seguia os modelos surgidos na década de 1950 no Brasil, exclusivos para "deficientes", geralmente de caráter filantrópico, mantida por organizações não governamentais, com abordagem clínico-terapêutica, como reabilitação da audição e da fala (SILVA, 2016).

que eu conhecia poucas pessoas surdas adultas, o que me levava a crer na possibilidade da morte em um futuro próximo. Apesar de minha convivência com algumas crianças surdas, à época, conhecia apenas dois adultos, que atuavam como professores. Assim, por meio dessa experiência, conclui que não viveria até a fase adulta, pois acreditava que só os ouvintes nasciam, cresciam e viviam todas as etapas do desenvolvimento humano.

Essa memória revela uma significativa experiência da infância, que foi marcada por pouco contato com outras pessoas surdas adultas[8]. É importante destacar que, naquele momento, minha convivência era com a família, formada por ouvintes, e na escola, apenas com crianças surdas.

No ano 2000, com 9 anos de idade, passei a frequentar a catequese, em virtude da religiosidade de minha mãe e do fato de ela ter ciência de que, naquele espaço, havia muitos(as) surdos(as) de várias idades. Conhecer surdos(as) adolescentes me causou muita surpresa. Quando, na missa, vi-me rodeado de surdos(as) mais velhos(as), fiquei perplexo, sobretudo quando conheci uma surda de aproximadamente 80 anos. Ainda atônito, tive a certeza de que surdos(as), assim como os ouvintes, também chegavam à vida adulta e viviam a velhice. Foi uma epifania! Também tive contato com outros(as) surdos(as) que me falaram sobre suas vidas e como eles trabalhavam. Depois disso, comecei a compreender que os(as) surdos(as) também podem viver uma vida comum, como os ouvintes.

Por volta dos 14 anos, já frequentando o ensino médio em uma escola regular que dispunha de classe especial[9] para surdos(as), participei, no contraturno, do Centro de Atendimento Especializado para Surdos (Caes)[10] e tive a oportunidade de ser apresentado por uma professora à "história dos surdos". Mais um fato transformador em minha identidade, pois não tinha noção de que há milhares de anos existem surdos(as) no mundo. Aos poucos, a professora foi contando a história e, com detalhes, explicando todos os fatos ocorridos, século após século, trazendo as personalidades

---

[8] À época, a escola adotava o método misto (oralismo e língua de sinais), mas, na prática, os professores se preocupavam mais com o método oral. Havia muitas crianças e apenas dois/duas adultos(as) surdos(as) que não eram professores(as), por isso eu adquiri a Libras quando tive contato com crianças surdas. A pesquisadora surda Perlin (2003) afirma que os(as) professores(as) surdos(as) são o modelo ideal para crianças surdas no ambiente escolar.

[9] No Paraná, essa oferta era denominada de Programa de Escolaridade Regular com Atendimento Especializado (Perae), autorizada pelo Parecer nº 161 de 6/4/94 para alunos(as) surdos(as) nos períodos matutino e vespertino, para os anos iniciais do ensino fundamental, mas teve aplicação até o ensino médio na escola onde estudei (SILVA, 2016).

[10] Centro de Atendimento Especializado para Surdos (Caes), uma espécie de sala de recursos multifuncionais pelo atendimento educacional especializado (AEE) no contraturno com profissionais bilíngues, nas escolas regulares ou inclusivas.

da história dos(as) surdos(as) e seus sinais em Língua Brasileira de Sinais (Libras): Charles l'Épée, o "Pai dos Surdos"; Pedro Ponce de Leon[11], primeiro educador de surdos(as) no mundo; Adolphe Edouard Huet[12], primeiro professor surdo francês que visitou e fundou a primeira escola de surdos(as) no Brasil, entre outros. Conheci a história do Congresso de Milão e todos os desdobramentos desse fato no processo de colonização e de opressão dos(as) surdos(as).

Esse primeiro contato com a história dos(as) surdos(as), o meu povo, despertou-me muito interesse. Lembro-me que chegava em casa, depois das aulas, e ficava pesquisando, para ter mais detalhes do que havia sido explicado na escola. Por esse motivo, acredito que seja de fundamental relevância para os(as) surdos(as) conhecerem sua história, bem como contá-la, como explica a pesquisadora surda Strobel (2008, p. 55):

> A humanidade tem toda a história de surdos para comprovar como os caminhos dos sujeitos surdos foram repletos de obstáculos, riscos e limitações. Os preconceitos, estigmas e estereótipos têm raízes historicistas e culturais. O povo surdo já sofreu terríveis injustiças, é só claro que não podem ser esquecidas, mas não significa que devem ser usadas como pretextos para ressentimentos. Se o povo surdo percebe que as práticas ouvintistas e/ou de colonização são as manchas na sua história, que é herdada da geração surda antiga até hoje, então pode compreender que também têm ouvintes 'não-ouvintistas' e/ou 'não-colonizadores'.

Os aspectos apontados por Strobel (2008) nos levam aos estudos de Perlin (2004), ao afirmar que, no campo dos Estudos Surdos, a noção de historicismo[13] é definida com base na perspectiva do Ouvintismo. Por outra forma,

---

[11] O professor espanhol Pedro Ponce de León era considerado pioneiro no mundo que comprovou que os(as) surdos(as) podiam aprender a ler, escrever e falar. Ele promovia o ensino de filhos(as) surdos(as) de nobres baseado no alfabeto manual, no final do século XVI.

[12] Nessa perspectiva, no intuito de evitar qualquer equívoco, adotei neste trabalho o nome de Adolphe Edouard Huet para me referir ao ilustre professor surdo francês. Vale dizer que essa escolha foi ancorada nos registros históricos analisados e apresentados nesta pesquisa. Edouard Huet nasceu surdo na freguesia de São Gilles, Vila de Caen, França, entre 1822 e 1824. Filho de Jacques Luis Huet e Maria Olive Prudencia le Chartier. Casou-se com a alemã Catharina Brodbeck no dia 16 de agosto de 1856, na igreja de Santa Rita, no Rio de Janeiro. Teve três filhos com ela, dos quais dois nasceram no Rio de Janeiro. Foi diretor e professor em escolas de surdos(as), em Bourges (França), Rio de Janeiro (Brasil) e Cidade de México (México). Faleceu em 10 de janeiro de 1882 na capital mexicana (KNAPIK; ROCHA, 2022).

[13] Historicismo é uma visão específica e particular (não universalizante) da história, que considera os fatos históricos como únicos e não repetíveis. Contra uma história universal, válida para todos os povos, o historicismo propõe histórias nacionais e particulares. Seu interesse maior é pela história política e uma de suas contribuições foi o aprimoramento da crítica interna dos documentos históricos (BARROS, 2004).

há um viés hegemônico que evidencia uma influência ouvinte sobre o modo de narrar o(a) surdo(a), ou, ainda, uma forma colonialista de contar a história, na qual, o colonizador ouvinte exerce forte influência sobre o(a) surdo(a).

Na história, há vários percursos que são percorridos para construir nosso passado, porém, o historicismo é a história contada pelo colonizador e, com isso, pouco sabemos sobre a história dos colonizados, assim como das minorias que fazem parte da sociedade. Elas, nesse processo, têm seus discursos excluídos, apagados e desvalorizados em favor de um discurso hegemônico. Assim, a história desses grupos recebe pouca ou quase nenhuma atenção, em comparação à história de grupos majoritários, ouvintes e colonizadores.

Assim como aconteceu comigo, muitos(as) surdos(as) podem ainda acreditar que não viverão no futuro, pois não conhecem surdos(as) adultos(as), tampouco a história dos(as) surdos(as). Penso que isso seja provocado por falta de vivências e conhecimentos históricos sobre os(as) surdos(as), que deveriam ser repassados às crianças surdas.

> A surdez é um país cuja história é reescrita de geração a geração. Isto ocorre em parte por causa da condição de suas línguas nativas, em parte mais de 90% das crianças surdas nascem de pais que ouvem e em parte por causa das opressões curiosas e específicas que constituem as histórias dos surdos. As culturas dos sinais, bem como o 'conhecimento' social da surdez, são necessariamente ressuscitadas e refeitas dentro de cada geração. (WRIGLEY, 1996, p. 25).

Como apontei anteriormente, apenas por volta dos 14 anos de idade tive acesso a essas informações. Aprendi a língua de sinais com meus pares, porém sem a consciência da história e da cultura surdas. Esse é o motivo principal que alimenta a intenção desta pesquisa: memória e história dos(as) surdos(as) a partir do olhar do pesquisador surdo que pretende realizar um mergulho no passado, investigar, de forma profunda, os registros históricos que trazem a memória dos primeiros estudantes da primeira escola para surdos(as) no Brasil.

Os trabalhos que versam sobre a história dos(as) surdos(as), sua educação, sua língua e sua cultura em geral são produzidos por sujeitos ouvintes, como afirma Wrigley (1996, p. 43):

> [...] a 'história dos Surdos' soa notavelmente como formas narrativas de história contada pelos Que Ouvem, nas quais apenas os nomes e detalhes do status dos que ouvem foram

> mudados. Pintar psicohistórias de grandes homens lutando para obter um lugar na história das civilizações dos que ouvem têm pouco ou nada a ver com representar as circunstâncias históricas das pessoas Surdas vivendo à margem daquelas sociedades que ouvem. Esta história dos Surdos é uma decepção, simplesmente reinvocando e reescrevendo a dominação e a exclusão que têm mais frequentemente sido conhecidas como os 'marcadores' da experiência histórica das pessoas surdas.

Para tanto, faremos uso do conceito de história cultural apresentado por José D'Assunção Barros (2005), o qual tem como principal referência o pesquisador francês Roger Chartier. História cultural é um conceito que está fortemente ligado à cultura, porém não apenas à cultura literária e artística. De outra maneira, esse conceito trabalha com a noção de historiografia, que atua em uma perspectiva de dimensão cultural social mais ampla. Por isso, interessa-se por grupos minoritários e com diferentes relações sociais, conforme será discorrido ao longo desta obra.

Como docente da Universidade Federal do Paraná (UFPR), desde 2014, vinculado à coordenação do curso de Letras/Libras, do setor de Ciências Humanas, ministro a disciplina "Fundamentos da Educação dos Surdos". Junto aos estudantes, percebi que há escassez de publicações na área da história dos(as) surdos(as) no Brasil. Há publicações em língua estrangeira, sobretudo na biblioteca on-line[14] da Gallaudet University[15], que apresentam relatos de surdos(as) na guerra civil americana[16] e na segunda guerra mundial[17]; obras biográficas de Charles l'Épée e seus seguidores[18]; narrativas de surdos(as) franceses, na época da Revolução Francesa[19], sobre os banquetes surdos que deram origem à criação de associação de surdos(as)[20]; histórias

---

[14] Ver: http://gupress.gallaudet.edu/.

[15] Gallaudet University é uma universidade privada, fundada em 1864, localizada em Washington-DC, nos Estados Unidos, que conta com o apoio direto do governo desse país. É uma instituição de ensino superior bilíngue, diversificada e multicultural, que garante o avanço intelectual, científico e profissional de surdos e deficientes auditivos. A primeira língua oficial da universidade é a American Sign Language (ASL), a língua de sinais dos Estados Unidos. O inglês é a segunda língua.

[16] *Fighting in the Shadows: Untold Stories of Deaf People in the Civil War*, de Harry G. Lang.

[17] *Crying Hands: Eugenics and Deaf People in Nazi German*, de Horst Biesold, e *Deaf People in Hitler's Europe*, de Donna F. Ryan e John S. Schuchman.

[18] *The Deaf Experience Classics in Language and Education*, de Harlan Lane.

[19] *Deaf Identity and Social Images in Nineteenth-Century France*, de Anne T. Quartararo.

[20] Em 1834, realizou-se o primeiro banquete de surdos(as), no qual foram realizadas as reuniões periódicas das associações ou os encontros de mais de 20 pessoas, com autorização do governo e sob a tutela da autoridade. Os banquetes surdos, mobilizações contra os riscos que corria a língua de sinais, tinham na verdade uma função eminentemente política e usavam como pretexto a homenagem a Charles l'Épée. Os banquetes representam

de instituições para surdos(as) em alguns estados norte-americanos[21]; além de registros biográficos[22] e personalidades ilustres[23], que apontam o papel de surdos(as) em diversas áreas como esportes, artes e educação.

Já no Brasil, há poucas produções acadêmicas publicadas em língua portuguesa sobre a história dos(as) surdos(as) e, nos poucos volumes disponíveis, o tema é tratado em um capítulo inicial, com conteúdos repetitivos e sem aprofundamento histórico, conforme argumentam as autoras surdas Perlin e Strobel (2014, p. 21):

> A história cultural não é aquela que contém a feia sina, como acontece atualmente, em que os aportes são registrados em alguns livros, teses e dissertações de forma resumida, elencada, esquematizada, repetindo ao infinito sempre as mesmas peripécias do colonizador.

Como pesquisador, identifiquei a necessidade de multiplicar os trabalhos sobre esse tema e criei um projeto de pesquisa[24] e extensão universitária[25], a fim de incentivar a comunidade acadêmica a realizar estudos sobre temas relacionados à história dos(as) surdos(as). É o caso do trabalho intitulado "Produção de conhecimento na História dos Surdos: levantamento de dissertações e teses no período de 2005 a 2019", defendido em dezembro de 2021 pela discente Bianca Spaler Martins Souza. Bianca foi aluna do curso de Letras/Libras da UFPR e sua pesquisa, da qual sou orientador, teve início no Programa de Iniciação Científica da mesma universidade.

---

um lugar de resistência à dominação da ideologia oralista e, consequentemente, de criação de um espaço novo na própria comunidade surda (BENVENUTO; SÉGUILLON, 2016). Segundo Mottez (1993), pela importância desse evento, esse banquete foi descrito como um "nascimento da nação surda", ou seja, o primeiro passo no desenvolvimento do movimento surdo.

[21] *The History of Gallaudet University: 150 Years of a Deaf American Institution*, de David F. Armstrong.

[22] *Crossing the Divide: Representations of Deafness in Biography*, de R. Hartig.

[23] *Gallaudet Encyclopedia of Deaf People and Deafness*, organizado por J. Van Cleve.

[24] O projeto de pesquisa foi registrado na UFPR com o título "História dos Surdos: investigação das fontes documentais" e teve como objetivo investigar as fontes documentais e históricas de pessoas surdas no Brasil e no mundo ao longo do tempo. Os procedimentos metodológicos serão organizados nas várias etapas da pesquisa, de caráter bibliográfico documental, em diferentes tipos de fontes documentais. A seleção do eixo temático na linha cronológica na história dos(as) surdos(as) está no quadro proposto por historiador surdo francês Yann Cantin. Os acervos disponibilizados pelas instituições responsáveis, o levantamento e a organização de dados são feitos em categorias do mapeamento documental.

[25] O projeto de extensão intitulado "História dos Surdos em HQ", criado por mim com a colaboração da professora Kelly Priscila Lóddo Cezar, teve como objetivo elaborar e criar uma ferramenta pedagógica para a educação de surdos(as), no gênero textual história em quadrinhos (HQ), usando sequências didáticas bilíngues para a comunidade surda. Algumas produções foram publicadas, como *O Congresso de Milão* (2018) e *A mulher surda na Segunda Guerra Mundial* (2019). Outras estão atualmente em andamento.

Souza (2021) encontrou 29 publicações ligadas à área da história dos(as) surdos(as). Dessas, 15 são dissertações e 14 são teses defendidas em programas de pós-graduação no período de 2005 a 2019. Desse total, apenas quatro se aproximam do objeto de pesquisa deste trabalho: Rocha (2009), Sofiato (2011), Laguna (2015) e Gonçalves (2015).

Essa autora argumenta que o crescimento das produções acadêmicas nessa área se deve ao impacto de legislações aprovadas no início do século XXI. Sobre elas, destaco as de maior relevância para a comunidade surda: a Lei 10.436/2002, que reconhece a Língua Brasileira de Sinais (Libras) como língua dos(as) surdos(as) brasileiros(as); e o Decreto 5.626/2005, que regulamenta a Lei 10.436/2002 e dá outras providências, como a criação do curso de Letras/Libras e a formação de professores bilíngues e tradutores intérpretes de Libras. Essas conquistas levaram ao aumento do número de surdos(as) nas universidades e influenciaram as políticas de acesso ao ensino superior, fortalecidas pela Lei 12.711/2012, conhecida como Lei de Cotas, assim como a admissão de surdos(as) com mestrado e doutorado (BRASIL, 2002; 2005; 2012).

O foco do presente estudo é o levantamento do protagonismo dos(as) primeiros(as) estudantes surdos(as) que estudaram no atual Instituto Nacional de Educação de Surdos (Ines), do Brasil, no período imperial — mais precisamente, entre 1856 e 1868, tendo em vista a dificuldade de obter registros antes desse período histórico. Resgata-se a memória dos primeiros direitos educacionais e sociais dos(as) surdos(as), por meio da investigação das ações governamentais e dos feitos dos gestores do Ines à época. Dessa forma, três contribuições são esperadas com o estudo deste tema de pesquisa.

O primeiro é o aprofundamento da história dos(as) surdos(as) no Brasil, a partir da instituição fundada em 1º de janeiro de 1856, no Rio de Janeiro, com o nome de Collégio Nacional para Surdos-Mudos de Ambos os Sexos[26]. Considerada o berço da criação da língua de sinais brasileira, essa instituição reuniu, pela primeira vez, surdos(as) de diferentes localidades do território nacional, que traziam consigo formas de comunicação gestuais oriundas de suas próprias regiões.

O recorte temporal, de 1856 a 1868, justifica-se, primeiramente porque, nesse período, ao longo da coleta de dados, foram encontrados muitos

---

[26] Rocha (2009) aponta que a referida escola teve vários nomes ao longo do tempo: Collégio Nacional para Surdos-Mudos de Ambos os Sexos (1856 a 1857); Instituto Imperial para Surdos-Mudos de Ambos os Sexos (1857 a 1858); Imperial Instituto dos Surdos-Mudos de Ambos os Sexos (1858 a 1874); Instituto dos Surdos-Mudos (1874 a 1890); Instituto Nacional de Surdos-Mudos (1890 a 1957); e Instituto Nacional de Educação de Surdos (Ines), desde 1957 até os dias atuais.

registros e narrativas históricas. É importante frisar que esse período, além de pouco pesquisado, revelou o protagonismo dos(as) alunos(as) surdos(as) daquela época. Além disso, foi possível acompanhar registros históricos de quatro gestões ao longo dos 12 anos estudados, que são: Edouard Huet (1856-1861), Frei João do Monte do Carmo (1861-1862), Ernesto do Prado Seixas (1862-1863) e Manoel de Magalhães Couto (1863-1868).

A segunda contribuição é o conhecimento histórico que se busca produzir acerca da formação do povo surdo brasileiro e seu processo educacional inicial, na importante instituição intitulada de Ines desde 1855. Rocha (2009) afirma que a memória da educação de surdos(as) vem sendo construída com pouca pesquisa histórica e muitas repetições, geralmente circunscritas ao campo das instituições especializadas e aos embates sobre as línguas que deveriam ser ensinadas aos(às) surdos(as).

> Acompanhando a produção acadêmica, na área da surdez, dos anos 1990, pude observar o quanto seus conteúdos, relativos à memória histórica, estavam distantes dessa memória que circula, ainda, pelos atores institucionais e pelas fontes documentais. As narrativas sobre esse período, encontradas nessa produção, ora são descritas somente como o triunfo do oralismo e a proibição da língua de sinais, ora são descritas como distanciadas dos sentidos da educação geral dos anos cinquenta no Brasil. Nesse enfoque, a recorrente tensão do campo da educação dos surdos — protagonizada pelo embate entre os defensores do ensino através da linguagem oral e os defensores do ensino através da língua de sinais — tem sido apresentada de modo antitético e posicionada em defesa do ensino através da língua de sinais. (ROCHA, 2009, p. 13-14).

A terceira contribuição é o protagonismo assumido, nesta pesquisa, pelo olhar do pesquisador surdo, baseada em documentos, fotografias, coletadas e analisadas, com base na história cultural dos surdos e no campo dos estudos surdos em educação, bem como as contribuições dos pesquisadores sobre contexto histórico, socioeconômico, educacional e cultural no Brasil Imperial.

Posto isso, trazemos a seguinte questão nesta investigação: como as narrativas presentes nos documentos históricos podem revelar o perfil dos(as) primeiros(as) estudantes surdos(as) quanto aos direitos educacionais e sociais no período de 1856 a 1868, do atual Ines?

Esta pesquisa tem como objetivo geral analisar o contexto histórico e as condições educacionais e sociais dos(as) primeiros(as) estudantes surdos(as) que frequentaram o Ines entre 1856 e 1868.

Os objetivos específicos deste trabalho é compreender o contexto brasileiro no período imperial e o impacto da criação da primeira escola para surdos(as), além de analisar a estrutura e a organização das primeiras gestões desse espaço educacional entre 1856 e 1868; e mapear e analisar documentos primários que contribuem para a discussão dos direitos educacionais e sociais dos(as) estudantes surdos(as) no período entre 1856 e 1868.

A primeira seção deste trabalho consiste na Introdução, que contextualiza os elementos históricos, políticos e sociais que delimitam o objeto de investigação, além de conter discussões oriundas da história cultural, no campo de Estudos Surdos.

O Capítulo 2, intitulado "O desenho da trajetória da pesquisa", apresenta a revisão bibliográfica, a caracterização da abordagem qualitativa e o percurso metodológico pensado para a produção de dados empíricos, por meio de pesquisa documental, bem como os critérios de organização dos dados.

No Capítulo 3, "Instituto Nacional de Educação de Surdos: origem, gestão e perfil de estudantes (1856-1868)", é apresentado o relato histórico da vinda de Edouard Huet para o Brasil e suas contribuições para educação dos(as) surdos(as), assim como as gestões, a organização e a estrutura educacional histórica do Ines. Esses aspectos são trabalhados no sentido de compreender as condições educacionais e sociais dos(as) estudantes surdos(as) do Ines no período de 1856 a 1868.

Já no Capítulo 4, "Crise no Instituto Nacional de Educação de Surdos (1867-1868)", apresentamos dados inéditos, oriundos de documentos históricos, especialmente aqueles que datam de 1867 a 1868, um período de muitos conflitos entre estudantes surdos(as) e a gestão de Manoel de Magalhães Couto. Os dados foram organizados em categorias de análise em ordem cronológica: mortes de estudantes e precariedades estruturais no instituto, castigos e maus-tratos contra estudantes surdos(as), denúncia do estudante surdo e consequências após a denúncia.

O Capítulo 5 trata das conclusões da pesquisa. Em seguida, o Capítulo 6 apresenta a organização do mapeamento com base documental do Arquivo Nacional no período de 1856 a 1868. Já no Capítulo 7 compreende a entrada e a saída dos estudantes surdos que registram entre 1856 a 1868 no Instituto Nacional de Educação de Surdos. Por fim, o Capítulo 8 refere-se ao documento transcrito da carta de denúncia pelo estudante surdo.

2

O DESENHO DA TRAJETÓRIA DA PESQUISA

https://youtu.be/tcw566xvQpI

A proposta desta pesquisa consiste em uma abordagem qualitativa, balizada pela pesquisa documental, especificamente pelas contribuições da história cultural no campo de Estudos Surdos, com a produção de dados empíricos em fontes de natureza documental.

Conforme já destacado, Strobel (2008) atesta a importância de se realizar pesquisas sobre a história dos(as) surdos(as), uma vez que, em âmbito nacional e internacional, há uma escassez de referências na área. Nas palavras da autora:

> Talvez a dificuldade esteja não tanto na raridade de referência, mas sim na extrema dispersão e de fato na sua interpretação delicada; é preciso pouco a pouco ir examinando os velhos arquivos, trechos bíblicos, tratados de medicinas, textos de vidas, de seus milagres, artigos, livros velhos e até em sites da internet e com isto partimos para uma literatura variante para atingir geralmente um resultado frequentemente frustrante e informações incompletas. Mas para quem tem paciência a recompensa está lá, os sujeitos surdos deixaram seus vestígios na jornada. (STROBEL, 2008, p. 103).

Carvalho (2019) expõe o escasso uso de fontes primárias e registros originais, seja no estudo ou na análise dessas fontes. O autor enfatiza que a história da educação dos(as) surdos(as) e da comunidade surda, com raras exceções, ainda é tratada de forma positivista e maniqueísta, buscando heróis e vilões, com pouca preocupação com os contextos políticos, históricos e sociais. Percebe-se que, de fato, na área da história dos(as) surdos(as), há poucas fontes primárias. O que há são várias fontes de ordem secundária que podem ser usadas de acordo com o contexto epistemológico do(a) autor(a).

A pesquisa evidenciou que a história dos(as) surdos(as) no Brasil está vastamente registrada nos acervos pesquisados e, possivelmente, em outros existentes no Brasil, os quais podem ser conhecidos, analisados e socializados na academia e fora dela.

A importância de se pesquisar as fontes documentais sobre a história dos(as) surdos(as) e seus tipos é apresentada por Carvalho (2019), conforme o Quadro 1 a seguir.

QUADRO 1 – FONTES HISTÓRICAS NA EDUCAÇÃO DOS(AS) SURDOS(AS)

Tipos de fontes	Descrição
Fontes materiais e imateriais	Ritos utilizados pela comunidade surda; manifestações culturais (teatro, poesia, humor); e arte (escultura, pintura, gravura, desenho). Vários são os(as) artistas surdos(as) de renome que existiram ao longo dos tempos e os temas abordados por esses(as) artistas surdos(as) podem e devem ser um recurso valioso para a construção da história dessa comunidade.
Fontes escritas	São as mais utilizadas na construção da história da educação de surdos(as), por serem as mais abundantes. Mas essa não deveria ser uma regra. Essas fontes devem ser objeto de uma crítica interna e os autores que as utilizam nem sempre as contextualizam historicamente. Como sabemos, fontes escritas primárias muitas vezes são condicionadas por fatores políticos, econômicos, sociais e culturais e cabe ao historiador fornecer essas explicações, enquadrando os textos na época que foram escritos, de forma isenta, ajudando o leitor a compreendê-los. Não raramente vemos essas fontes históricas espartilhadas, descontextualizadas e manipuladas para servir de propósito ao autor que escreve sobre elas e não para servir à história.

Tipos de fontes	Descrição
Fontes orais/língua de sinais	São um meio fundamental para registrar a história. São importantes pelo seu papel na história imediata. Geralmente, o historiador procura registrá-las, a fim de evitar tanto seu desaparecimento quanto sua deturpação. Em termos iconográficos, podemos mencionar aqui algumas obras do século XIX, como as Juan Pablo Bonet (1579-1633), John Bulwer (1614-1684), William Holder (1615-1697), Roch-Ambroise Sicard (1742-1822), Roch-Ambroise Bébian (1789-1822), Joseph-Marie Degérando (1772-1842), Pierre Pélissier (1814-1863), Flausino José da Gama (1875). Essas fontes foram e são de valor inestimável tanto para a história da educação dos(as) surdos(as) como para o estudo linguístico das línguas de sinais.
Fontes gravadas ou audiovisuais	Registram com fidelidade o fato por meio de som ou imagem (disco, fita magnética, fotografia, dispositivo, filme etc.). Podemos salientar a utilidade da gravação em filme ou fotografia das línguas de sinais, em termos tanto historiográfico quanto linguístico.

Fonte: Elaborado com base em Carvalho (2019, p. 107-108)

O Quadro 1 é de extrema relevância para o caminho metodológico desta pesquisa, pois, dos quatro tipos de fontes apresentados, as duas primeiras são muito utilizadas. Já a terceira, "fontes orais/língua de sinais", é primordial, sobretudo diante das contribuições de Gama (1875) na produção de seu dicionário de língua de sinais, por ser a primeira publicação na área, com nome da obra *Iconographia dos Signaes dos Surdos-Mudos*. Por último, e não menos importante, estão as fontes gravadas e audiovisuais. Apesar da tecnologia limitada da época, as fotografias foram de grande valia ao presente estudo, tendo em vista a utilização de fotografias de época, especialmente daqueles(as) estudantes que são foco da pesquisa.

Certeau (2002, p. 34) afirma que não podemos nos esquecer "que uma leitura do passado, por mais controlada que seja pela análise dos documentos, é sempre dirigida por uma leitura do presente". O autor ainda aponta que as fontes primárias podem ser encontradas nos documentos guardados em escolas, nos arquivos públicos e nas bibliotecas. Nessa direção, Certeau (2002) destaca que essa organização é importante, pois auxilia o processo de pesquisa histórica, possibilitando o contato com documentos e permitindo a compreensão do processo histórico relacionado à vivência das pessoas em um período passado, seu movimento, funcionamento e estrutura.

Conforme já referido, a presente pesquisa apoia-se em pressupostos da história cultural no campo de Estudos Surdos em Educação.

> História Cultural tornou-se possível na moderna historiografia a partir de uma importante expansão de objetos historiográficos. Apenas para antecipar algumas possibilidades destes novos objetos, faremos notar que esta modalidade historiográfica abre-se a estudos os mais variados, como a "cultura popular", a "cultura letrada", as "representações", as práticas discursivas partilhadas por diversos grupos sociais, os sistemas educativos, a mediação cultural através de intelectuais, ou a quaisquer outros campos temáticos atravessados pela polissêmica noção de 'cultura'. (BARROS, 2005, p. 126).

A história cultural é utilizada, em pesquisa, nas mais diversas direções e todas elas possuem a cultura como alicerce principal. Entre o alcance da história cultural, temos áreas como comunicação, representação, práticas culturais dos mais diversos grupos humanos, além das relações estabelecidas entre o mundo e os diferentes grupos minoritários. No que tange às práticas culturais, devemos considerar as práticas discursivas dos grupos minoritários e majoritários, bem como suas relações. Perlin e Strobel (2014), pesquisadoras surdas, também apresentam um conceito de história cultural:

> A história cultural é uma nova interpretação de caminhos percorridos, para a deferência do povo surdo, dando lugar à sua cultura, valores, hábitos, leis, língua de sinais, bem como à política que movimenta tais questões, e não mais a excessiva valorização da história registrada sob as visões do colonizador, uma história que dá lugar ao sujeito. Ela não interpreta o sujeito como algo fora de contexto, inventado, mas o sujeito como instrumento histórico no sentido e no significado. (PERLIN; STROBEL, 2014, p. 21).

A história cultural é um importante instrumento teórico de pesquisa, especialmente para promover as discussões acadêmicas atuais desde uma perspectiva de "pluralidade de culturas", em vez de adotar uma única cultura como modelo.

Nesse trabalho, também se utilizam os Estudos Surdos em Educação, os quais, segundo Bauman (2008), buscam ampliar o universo de lutas constituído contra o Ouvintismo, o Colonialismo e a proibição das línguas de sinais. Retoma-se e amplia-se a educação bilíngue e sua relação de multiplicidade com outros sujeitos e seus objetos, estudos e condições de produção, como a sexualidade, o gênero, a família, a raça, entre outras questões. Assim, reconhece-se a legitimidade de um espaço construído com regras e opiniões específicas, permitindo aos(às) surdos(as) ter(em) sua própria "voz".

A história cultural no campo de Estudos Surdos em Educação possibilita a investigação das fontes documentais e pode ser considerada um caminho para se investigar o papel do(a) surdo(a) no processo histórico de modo mais geral, assim como o processo histórico das narrativas dos(as) surdos(as) e, consequentemente, da comunidade surda.

A pesquisa em fontes documentais é relevante, apesar de desafiadora. Ela permite uma perspectiva surda desse processo, que mostra de fato a história dessa comunidade. Em uma história situada em um lugar cultural e marcada por trocas de experiências e de vivências, é possível compreender melhor o direito da pessoa surda, bem como a luta dessas pessoas em épocas passadas.

Nesse sentido, o trabalho com fontes documentais permite extrair informações ocultadas e apresentar uma nova narrativa histórica surda com maior detalhamento e mais informações, o que é importante, levando em consideração as futuras gerações surdas que poderão ter acesso aos conhecimentos da área.

2.1 A PESQUISA BIBLIOGRÁFICA E AS CONTRIBUIÇÕES PARA O CAMPO DE ESTUDOS SURDOS

https://youtu.be/4fgfmqJ2N4c

A primeira etapa da pesquisa consistiu na revisão da literatura relacionada às bases teóricas da linha escolhida e sua área de estudo, isto é, os Estudos Surdos, que se vinculam a narrativas para a análise da memória e história dos(as) surdos(as), possibilitando a investigação em diferentes períodos históricos.

Neste momento, será apresentada a revisão bibliográfica encontrada nas bases de dados da Biblioteca Digital Brasileira de Teses e Dissertações (BDTD) entre os anos de 2005 e 2020, com base nos seguintes descritores de busca: surdos; história/império; Ines/Imperial Instituto de Surdos-Mudos.

Durante a pesquisa, na BDTD, fez-se a leitura dos resumos, a fim de identificar as temáticas semelhantes. Foram encontrados, então, apenas quatro estudos com alguma relação direta com o objeto de pesquisa, conforme o Quadro 2.

QUADRO 2 – LEVANTAMENTO DOS ESTUDOS RELACIONADOS AO OBJETO DA PESQUISA

Tipo	Instituição	Título	Autor	Ano
Tese	Pontifícia Universidade Católica do Rio de Janeiro	Antíteses, díades, dicotomias no jogo entre memória e apagamento, presentes nas narrativas da História da Educação de Surdos: um olhar para o Instituto Nacional de Educação de Surdos (1856/1961)	Solange Maria da Rocha	2009
Tese	Universidade Estadual de Campinas	Do desenho à litografia: a origem da Língua Brasileira de Sinais	Cassia Geciauskas Sofiato	2011
Dissertação	Universidade Federal do Rio Grande do Sul	Moralidade, Idoneidade e Convivência: discursos sobre as práticas dos repetidores de classe do INES no período de 1855 a 1910 que incidem na atuação profissional dos TILS da atualidade.	Maria Cristina Vianna Laguna	2015
Dissertação	Universidade Estadual de Mato Grosso do Sul	O silêncio eloquente: a gênese do imperial Instituto de Surdos-Mudos no século XIX (1856-1896)	Radai Cleria Felipe Gonçalves	2015

Fonte: O autor (2022)

A tese intitulada "Antíteses, díades, dicotomias no jogo entre memória e apagamento, presentes nas narrativas da História da Educação de Surdos:

um olhar para o Instituto Nacional de Educação de Surdos (1856/1961)" é o primeiro trabalho que discute o detalhamento da história da primeira escola para surdos(as) no Brasil, atual Instituto Nacional de Educação de Surdos (Ines). O trabalho traduz a trajetória profissional da autora, historiadora de formação, com mais de 30 anos de atuação na educação dos(as) surdos(as), tendo sido diretora do Ines no período de 2010 a 2014. O recorte temporal da pesquisa recobre 100 anos, desde a fundação da instituição até metade do século XX, debatendo narrativas dicotomizadas para a história da educação dos(as) surdos(as) e tomando o Ines como campo de investigação. A pesquisadora aponta que a narrativa crítica vem assumindo uma perspectiva de história-tribuna em uma lógica de opressores (ouvintes/oralistas) contra oprimidos (surdos(as)/sinalizantes) nas discussões travadas acerca do processo de escolarização envolvendo alunos(as) surdos(as).

Em relação à questão central sobre aquisição de uma linguagem que poderia ser oral ou língua de sinais, Rocha (2009) discutiu, com autores como Carlos Skliar (1997; 1998) e Harlan Lane (1992), a opressão ouvintista e a proibição de língua de sinais no Ines. A autora concluiu sua tese afirmando que muitos apagamentos são promovidos em meio aos escombros de ideias e conceitos soterrados de narrativas históricas sobre educação dos(as) surdos(as), e que essa é a motivação de sua pesquisa. Além disso, a historiadora afirma que a circulação das ideias educacionais precisa do diálogo com alunos(as) surdos(as) no próprio Instituto.

> A circulação das ideias educacionais, a presença de importantes educadores de projeção nacional, a política nacional e a presença de diversas redes de intelectuais no Instituto — como as que enredaram Benjamin Constant, Meneses Vieira, Tobias Leite, no século XIX; Cecília Meireles, Carlos Drummond de Andrade e Armando Lacerda, nos anos de 1930; Anísio Teixeira e Ana Rímoli, nos anos de 1950 — desafiam-nos a lançar um outro olhar para a história desse campo da Educação e para o Instituto Nacional de Educação de Surdos. (ROCHA, 2009, p. 122).

A mesma autora também adverte que muitas pesquisas descrevem a história dos(as) surdos(as) de forma descontextualizada e atemporal, sem sequer consultar os documentos do Ines.

> A memória da educação de surdos presente nos autores citados vem sendo construída à margem da história. Há pouca pesquisa histórica no campo e muitas repetições entre

eles. Lane é o referencial de todos. As fontes documentais, quando trabalhadas, funcionam como manifesto para a defesa das concepções de educação de surdos por eles postuladas. (ROCHA, 2009, p. 33-34).

A tese de doutoramento desenvolvida por Cassia Geciauskas Sofiato, intitulada "Do desenho à litografia: a origem da língua brasileira de sinais", buscou analisar a primeira obra impressa de língua de sinais na história do Brasil, a *Iconographia dos Signaes dos Surdos-Mudos*, publicada em 1875, de autoria do ex-estudante e repetidor surdo Flausino José da Costa Gama. A autora utilizou o dicionário de Flausino como fonte documental, bem como os documentos do acervo histórico do Ines, focando na gestão de Tobias Leite e comparando a obra de Flausino com a obra original francesa de autoria de Pierre Pélissier.

Sofiato (2011) concluiu em sua pesquisa que a obra de Flausino não foi uma criação sua, mas sim uma cópia da iconografia de Pélissier. Embora Flausino tenha se valido de outro trabalho para realizar o seu, é importante compreender que a prática de cópia no século XIX, diferentemente de hoje, não era entendida como plágio. Além disso, a produção de Flausino é reconhecida pela comunidade surda como o primeiro registro de língua de sinais em terras brasileiras realizada por um surdo.

A dissertação de mestrado intitulada "Moralidade, idoneidade e convivência: discursos sobre as práticas dos repetidores de classe do INES no período de 1855 a 1910 que incidem na atuação profissional dos TILS da atualidade", desenvolvida por Maria Cristina Vianna Laguna, defendida em 2015, visava analisar os discursos sobre as práticas dos repetidores de classe no período de 1855 a 1910 ao comparar a discussão da atuação dos tradutores e intérpretes de Libras (TILS) no Brasil atual. A autora traz Michel Foucault como autor principal e o conceito de discurso como categoria para analisar os documentos que tratavam das práticas dos TILS, como atas, relatórios e cadernos de registros na história do Ines.

Laguna (2015) reafirma, assim como Rocha (2009), que não encontrou registros que atestassem a existência de intérpretes durante a gestão de Huet, identificando esse profissional apenas a partir de 1907. Além disso, os registros sobre repetidor aparecem pela primeira vez em 1863, na gestão de Manoel de Magalhães Couto. Os primeiros repetidores são estudantes surdos(as) do próprio Instituto. O trabalho de Laguna tem grande contribuição metodológica para a presente pesquisa, pois analisou fontes documentais e diário de campo para registrar suas visitas ao acervo do Ines.

A autora organizou três categorias com base na análise do discurso, quais sejam: (i) discursos morais, que tratam de um sujeito de condutas adequadas e aceitáveis para cuidar dos estudantes, cuja repetição serve de modelo ou referência para crianças surdas; (ii) discursos profissionais, que recorrem às competências práticas e ao conhecimento cultural e linguístico, na qual o repetidor entra em contato e convive com estudantes surdos(as) em todos os momentos de suas vidas; e (iii) discursos jurídicos, que compreendem as leis, os regulamentos e os regimentos que conduziram as condutas dos repetidores. Na conclusão de sua pesquisa, Laguna (2015) defende a tese de que o papel desempenhado pelo repetidor, em meados do século XIX e início do XX, aproxima-se do papel desempenhado atualmente pelo tradutor intérprete de Libras.

Por último, o trabalho defendido por Radai Cleria Felipe Gonçalves (2015), pela Universidade Estadual de Mato Grosso do Sul, intitulado "O silêncio eloquente: a gênese do imperial Instituto de Surdos-Mudos no século XIX (1856-1896)", teve como objetivo construir a narrativa histórica sobre a gênese da educação dos(as) surdos(as) no Brasil no período mencionado, com base na perspectiva da Nova História Cultural. Gonçalves utilizou diversos documentos, como relatórios, pareceres, fotografias, regimentos, além de leis e decretos do acervo histórico do Ines. Sua dissertação é apresentada como forma de narrativa histórica, pois organizou os capítulos em ordem cronológica, desde a criação do Instituto até o fim da gestão de Tobias Rabello Leite.

Gonçalves (2015) analisou ainda os métodos de ensino, o material didático utilizado pelos estudantes e professores, o uniforme escolar, os horários de aulas, as aulas práticas como trabalho manual e agrícola do referido Instituto. A autora concluiu que sua investigação contribuía para a história e a historiografia, uma vez que essas precisam de expansão dos registros e de mais pesquisas na área da educação dos(as) surdos(as).

Embora sejam riquíssimas fontes de pesquisa, que contribuem para diálogos com outros temas relacionados ao processo educacional e cultural dos(as) estudantes surdos(as), nenhum dos quatro trabalhos discute o objeto de minha pesquisa. Dessa forma, o levantamento bibliográfico realizado revela a originalidade desta pesquisa, pois serei o primeiro surdo a pesquisar este tema no âmbito do exercício de construção da história dos(as) surdos(as) do Brasil Imperial.

2.2 PRODUÇÃO DE DADOS: CRITÉRIOS E ORGANIZAÇÃO EM FONTES DOCUMENTAIS

https://youtu.be/SGWwlKw8myc

Na segunda etapa da pesquisa, foi realizado o adensamento das fontes documentais selecionadas para estudo, o que possibilitou a contextualização histórica do período de 1856 a 1868, do atual Instituto Nacional de Educação de Surdos.

Para documentar a memória das visitas realizadas, a ferramenta aplicada foi o diário de campo, que se mostrou fundamental para organizar o passo a passo dos registros produzidos e colaborar com a organização das anotações e contatos estabelecidos durante as visitas. Além disso, o diário de campo colaborou para a organização sistematizada e a definição de critérios para a seleção dos documentos.

No Ines, contamos com a valiosa contribuição da professora Solange Rocha[27], pesquisadora responsável pelo acervo do Instituto, que guarda a memória histórica de mais de 160 anos da educação para surdos(as) no Brasil. A visita ao acervo, conduzida pela professora, proporcionou debates sobre as potencialidades do tema desta obra, assim como a discussão de estudos anteriores, nacionais e internacionais, que se debruçaram sobre a história de surdos(as) e seu contexto educacional[28]. É importante destacar

---

[27] Importante pesquisadora na história da educação de surdos(as). Suas publicações mais importantes são: *Aspectos da trajetória do Instituto Nacional de Educação de surdos em seu percurso de 150 anos* (2007); *Memória e História: a indagação de Esmeralda* (2010); *Instituto Nacional de Educação de Surdos: uma iconografia dos seus 160 anos* (2018); *O processo de produção de memória coletiva para construção de uma historiografia contemporânea no campo de Educação de Surdos no Brasil* (2019).

[28] As pesquisas realizadas nos Estados Unidos mostram vários registros sobre a primeira estudante surda escolarizada, cujo nome era Alice Goswel. Sua escolarização só foi possível porque seu pai financiou a viagem de Thomas Gallaudet para a Europa, com objetivo de conhecer os métodos da educação de surdos(as) da França. Assim, Thomas Galladeut e Laurent Clerc fundaram a primeira escola de surdos(as) nos Estados Unidos, tendo Alice Goswell como primeira aluna matriculada. A história da educação de surdos(as) norte-americanos me fez refletir: quem teria sido o(a) primeiro(a) aluno(a) surdo(a) no Brasil?

também a roda de conversas realizada com os orientandos da professora, que relataram suas pesquisas com fontes históricas.

Com o tema da pesquisa delimitado, definiu-se um cronograma de visitas para o primeiro levantamento de dados, o que ocorreu sete meses depois, ou seja, na segunda semana de setembro de 2018. Assim sendo, iniciou-se a análise dos documentos[29] no acervo histórico localizado na sede do Ines. Em seguida, passou-se à escrita de relatórios com base na leitura dos documentos e fontes históricas disponibilizadas pela professora Solange Rocha. Dentre eles, destacam-se (i) o Almanak Laemmert, publicado no período do Brasil Império, com informações sobre o trabalho realizado no Ines e sobre os alunos que frequentavam a instituição naquele período; e (ii) o Ministral Report, que é um relatório produzido por um órgão semelhante ao que hoje chamamos de Ministério da Educação. Esse documento explica de forma minuciosa o funcionamento do Ines nos anos de 1856 a 1896.

Essa primeira imersão de três dias permitiu conhecer as dependências e os arredores do Ines. Espaços como a biblioteca, a sala de informática, as salas de aula, o local que antigamente era usado pelos fonoaudiólogos, o prédio do curso de graduação em educação bilíngue e sua equipe de funcionários e professores, além dos(as) alunos(as) surdos(as), foram essenciais para compreender o lócus da pesquisa.

O Arquivo Nacional[30] foi de grande relevância para a pesquisa, pois contém diversos documentos históricos do Ines, o que auxiliou a construção dos dados para esta investigação, a qual, futuramente, poderá contribuir para outras pesquisas na área. A coleta de dados foi motivada pelo recorte da pesquisa. Apesar dos esforços empreendidos, não foi possível analisar todos os documentos disponíveis, pois o volume era muito grande.

O Arquivo Nacional se encontra em um prédio de grande extensão e conta com um acervo de 55 quilômetros de documentos textuais, cerca de 2 milhões de fotografias, 75 mil mapas e plantas, entre outros documentos do final do século XVI até as últimas décadas do século XX.

---

[29] Todos os cuidados necessários no contato com os documentos foram tomados, como o uso de máscara, para evitar a inalação da poeira, e de luvas para evitar a danificação dos documentos.

[30] O Arquivo Nacional, criado em 1838, é o órgão central do Sistema de Gestão de Documentos de Arquivos (Siga), da administração pública federal, integrante da estrutura do Ministério da Justiça e Segurança Pública. Tem por finalidade implementar e acompanhar a política nacional de arquivos, definida pelo Conselho Nacional de Arquivos (Conarq), por meio de gestão, recolhimento, tratamento técnico, preservação e divulgação do patrimônio documental do país, garantindo pleno acesso à informação e visando apoiar as decisões governamentais de caráter político-administrativo, o cidadão na defesa de seus direitos e a produção de conhecimento científico e cultural. Ver: http://www.arquivonacional.gov.br/br/.

FIGURA 1 – INVESTIGANDO OS DOCUMENTOS NO ARQUIVO NACIONAL (2019)

Fonte: O autor (2022)

Durante a visitação, vários documentos foram selecionados para posterior análise. Dentre eles, destacam-se: regulamentos e regimentos que tratam do Ines, atas sobre reuniões, correspondências de cartas, ofícios e despachos entre diretores da referida instituição e pessoal que trabalha no governo imperial, contratos de trabalho de professores, relatórios de diretores que tratam do acesso/matrícula, dados gerais dos(as) estudantes e o currículo das disciplinas ministradas. Nesse acervo, constam também relatórios financeiros do Ines, bem como os investimentos governamentais destinados a esse órgão. Apesar de não tratarmos diretamente do tema do financiamento nesta pesquisa, esses dados colaboram para compreender o contexto educacional da época estudada.

No retorno a Curitiba, foi dado início aos estudos em vários portais na internet para complementar a pesquisa, pois, em alguns documentos do Ines, não constavam datas e nomes completos. Um dos documentos foi encontrado no site Center for Research Libraries (CRL). Entre eles, destaco o *Almanak dos amigos surdos-mudos*, documento publicado pelo Ines, cujo conteúdo era voltado para as questões dos surdos e da surdez. No entanto, há registro de apenas duas edições, publicadas entre os anos de 1888 e 1889.

Do documento supracitado, foi possível retirar os seguintes dados, que contribuíram para compor importantes informações sobre o perfil dos(as) estudantes daquele período: nome, data de ingresso na escola de surdos(as), local de nascimento e percurso pedagógico (como premiações recebidas do Imperador). O documento apresenta, também, dados acerca do início dos trabalhos sobre a abordagem da oralização no Ines e a ida dos professores até a Europa para aprendizagem do "novo método" de ensino para surdos(as).

Já com relação aos documentos fotografados durante a coleta de dados no acervo histórico do Ines e no Arquivo Nacional, esses foram ampliados e transcritos. A escrita dos documentos apresenta as características da língua portuguesa da época imperial, dificultando a compreensão, sobretudo para um pesquisador que tem a Libras como primeira língua. Depois de realizar as transcrições, iniciou-se uma leitura mais aprofundada dos documentos, por meio da efetivação de resumos e organização de planilhas, conforme apresentado ao longo da obra.

Com base na leitura e na análise dos documentos históricos, a fim de melhor expor informações, é apresentado a seguir o Quadro 3, com informações sobre as instituições responsáveis, o local de consulta e a descrição dos documentos.

QUADRO 3 – INSTITUIÇÕES RESPONSÁVEIS POR FONTES DOCUMENTAIS SOBRE A EDUCAÇÃO DOS(AS) SURDOS(AS)

Instituição responsável	Local da consulta	Descrição
Ines	Acervo Histórico do Ines	Documentos disponíveis para acesso no espaço ao lado do prédio do Ines, sob responsabilidade da professora Solange Maria da Rocha; não estão disponíveis na internet.
	Repositório Digital Huet	Documentos disponíveis no arquivo histórico no site do Ines, na plataforma digital[31].

---

[31] Ver: http://repositorio.ines.gov.br/ilustra/.

Biblioteca Nacional (BN)	Biblioteca Nacional Digital (BND)	Documentos disponíveis nas consultas pelo acervo digital[32] e pela hemeroteca digital[33]. A maioria dos documentos encontrados são jornais da época.
	Almanak Laemmert	É o primeiro almanaque publicado no Brasil, desde 1844 no Rio de Janeiro, designado como administrativo, mercantil e industrial do Rio de Janeiro. Há documentos sobre a época imperial brasileira, os ministérios, a legislação imperial, os dados censitários, os nomes de empregados no governo imperial e as propagandas.
The Center for Research Libraries (CRL)[34]	Ministerial Reports	Relatórios organizados pelo Ministro e apresentados à assembleia legislativa e ao Imperador. São constituídos em quatro tipos: financeiro, administrativos, atas e dados informativos. Os documentos estão disponíveis no site[35] e o acesso é feito por ministro, ano e índice.
Arquivo Nacional (AN)	Documentos manuscritos	A maioria dos documentos são manuscritos, como cartas de correspondências entre diretores, pais, Comissão Inspetora e funcionários do governo, atas de reunião, pareceres, relatórios, despachos, ofícios, regimentos, propostas educacionais, matrículas de alunos e documentos de contratação de professores e demais empregados.

Fonte: O autor (2022)

Todos os documentos foram investigados minuciosamente, buscando identificar elementos que compunham características e dados dos(as) estudantes surdos(as) nos 12 anos do período pretendido.

---

[32] Ver: http://bndigital.bn.gov.br/acervodigital/.

[33] Ver: http://bndigital.bn.gov.br/hemeroteca-digital/.

[34] The Center for Research Libraries (CRL), em português Centro de Bibliotecas de Pesquisa, é um consórcio internacional de universidades, faculdades e bibliotecas independentes de pesquisa. Fundado em 1949, o CRL apoia a pesquisa original e o ensino inspirado em humanidades, ciências e ciências sociais, preservando e disponibilizando aos pesquisadores uma variedade de materiais de fontes primárias raras e incomuns de todas as regiões do mundo. Ver: https://www.crl.edu/.

[35] Ver: http://ddsnext.crl.edu/titles?f[0]=collection%3ABrazilian%20Government%20Documents &f[1]=grouping%3AMinisterial%20Reports.

A maioria dos documentos analisados são oriundos do Arquivo Nacional[36], onde somente é possível a consulta in loco[37]. Todos os documentos pesquisados na Biblioteca Nacional foram obtidos por meio de pesquisas digitais, em sua maioria, jornais da época. Conforme mencionado, no acervo do Ines, destaca-se o Almanak Laemmert e o The Center for Research Libraries (CRL), que são relatórios do ministério e do diretor, também encontrados nas plataformas da Biblioteca Nacional.

Os documentos encontrados mostram que o ano de 1868 registra o maior número de documentos. Uma das razões para isso é o fato de que, naquele ano, ocorreu uma revolta de estudantes, resultando na expulsão de alguns deles, no pedido de exoneração do diretor Manoel de Magalhães Couto[38] e na nomeação de Tobias Rabello Leite[39] para a direção do Ines.

O ano de 1862 é o segundo com mais documentos e apresenta muitos relatórios do diretor interino Frei João do Monte do Carmo[40], assim como reclamações contra professores e a demissão do referido diretor. Já o ano de 1867 é o terceiro mais documentado, em consequência das mortes de quatros alunos surdos e o início da revolta dos estudantes contra a gestão de Manoel de Magalhães Couto, situação que durou até 1868.

A gestão de Edouard Huet apresenta um número menor de documentos em comparação com as demais gestões. No ano de 1861, foram encontrados registros de atas e relatórios acerca do pedido de demissão de

---

[36]   O mapeamento com base documental do Arquivo Nacional se encontra no capítulo 6 desta obra.

[37]   O Arquivo Nacional está localizado na Praça da República, 173, Centro, Rio de Janeiro/RJ.

[38]   Nasceu em 1838 em Bananal, São Paulo. Filho de João de Magalhães Couto e Genoveva Maria de Magalhães. Chegou em 1852 ao Rio de Janeiro para estudar no Colégio Marinho. Aos 18 anos foi aprovado em exame de latim. Casou-se com Francelina Garcez Nunes no dia 16 de outubro de 1857, na igreja Francisco Xavier do Engenho, Rio de Janeiro, e morou na freguesia de Sacramento. Em 1861, o governo imperial autorizou Manoel a ir a Paris, na França, para conhecer a educação de surdos(as), com o objetivo de substituir Edouard Huet. Chegou ao Brasil em julho de 1863 e logo assumiu o cargo de diretor do Ines, no qual permaneceu até 1868, quando foi exonerado, mantendo-se como professor da instituição até 18 de novembro de 1871. Além do Ines, foi professor substituto de francês no Imperial Collegio do Pedro, professor de português na Escola Industrial e professor de francês e português no Gymnasio Nacional. Foi diretor do Collegio Magalhães entre 1876 e 1877. Faleceu em 23 de março de 1900 no Rio de Janeiro.

[39]   Foi diretor do Ines entre 1868 e 1896 (mais de 28 anos de gestão). Foi um dos personagens importantes na educação de surdos(as) no Brasil e responsável por publicar várias obras sobre o ensino de surdos(as) no século XIX. Formado em Medicina, nasceu em Laranjeiras, Sergipe, no dia 6 de abril de 1827, filho do Capitão Tobias Rabelo Leite e Ana Maria de Lemos, proprietários do engenho São Bento, neto paterno do Capitão-Mor de Itabaiana, José Mateus da Graça Leite Sampaio, que foi presidente da junta governativa sergipana de 1822 a 1824. Foi deputado por Sergipe na Assembleia Geral (1857-1860). Em 1855, ofereceu voluntariamente seus serviços durante o surto de cólera. Faleceu no Rio de Janeiro em 3 de agosto de 1896 aos 69 anos (SOUZA, 2014).

[40]   Também é chamado de Frei João da Nossa Senhora do Carmo, porém não identificamos o nome de nascimento. Sabemos que Frei João estava na Comissão Inspetora desde a abertura do Instituto. Foi presidente e secretário da Província Carmelitana Fluminense entre 1850 e 1870.

Huet, que alegou querer retornar à sua terra natal na França. Nesse sentido, foi instituída uma Comissão Inspetora[41], que indicou o professor Manoel de Magalhães Couto para assumir o lugar de Huet, haja vista que Couto estudara na França a metodologia para o ensino de surdos(as).

O Quadro 4, adaptado de Laguna (2015), visa colaborar para a catalogação das fontes documentais investigadas, utilizando o ano de publicação como critério principal.

QUADRO 4 – PLANILHA DE ORGANIZAÇÃO E SISTEMATIZAÇÃO DE DADOS

Ano	Documento	Pontos principais	Acervo original
O ano mostrado no documento, para situá-lo no tempo.	O tipo de documento, a fim de identificar se é um relatório, carta etc.	Os principais pontos de cada documento, assim como uma breve síntese do conteúdo ou material.	Identificar o acervo do qual foi retirado o documento, para determinar se foi um acervo digital ou físico.

Fonte: Adaptado de Laguna (2015)

Vale ressaltar que, diante desse universo imenso de documentos, foram selecionados aqueles que ofereceram informações consistentes para colaborar com a compreensão do contexto histórico e seus processos adjacentes, tais como os fatores sociais, culturais, econômicos e políticos que influenciaram o período da criação do Ines.

A intenção foi estabelecer uma sequência cronológica dos documentos, que se inicia em 1855, com as cartas de Edouard Huet para o Imperador no Brasil relativas à criação do Ines, e vai até 1868. Cabe dizer que este estudo conta também com documentos que datam a partir de 1869, fazendo menção ao período de 1856 e 1868. Embora alguns documentos estejam fora do período selecionado para esta pesquisa, foram usados para compor um esquema de organização cronológica e contextual que contribua com o trabalho.

Salienta-se que esta pesquisa inclui também narrativas históricas sobre a criação do Ines e sua relação com o período imperial, a organização

---

[41] Por determinação do Imperador Dom Pedro II, coube ao Marquês de Abrantes formar uma comissão com figuras importantes do império para acompanhar os trabalhos do novo estabelecimento. Reunida no dia 3 de junho de 1856, no Paço do Senado, a comissão foi composta por Marquês de Olinda, Marquês de Monte Alegre, conselheiro José da Silva, prior do Convento do Carmo, abade do Mosteiro de São Bento, padre Dr. Joaquim Fernandes, como secretário, e pelo Marquês de Abrantes como presidente (ROCHA, 2008).

do espaço escolar da época, os gastos com financiamento, currículo, fluxo de estudante e professores e regimentos.

Nos registros analisados sobre estudantes surdos(as) destaco: o contrato de trabalho para o cargo de repetidor do primeiro profissional surdo, Flausino José da Costa Gama[42], realizado pelo diretor Tobias Leite; a carta endereçada ao diretor Frei João do Carmo, escrita pelo pai da aluna surda Adelaide de Freitas Coutinho[43], em que relata a preferência da sua filha em ser ensinada por Edouard Huet (por ser um professor surdo, o que deixava o pai muito feliz, uma vez que havia identificação entre pares); a primeira matrícula de uma aluna surda preta, chamada Rachel Gregoria[44]; um conflito entre estudantes surdos(as), professores e o diretor Frei João do Carmo registrado em 1862, entre outros.

No entanto, devido ao escopo do trabalho, apesar de inúmeros documentos encontrados, escolhemos somente alguns para análise. É o caso da carta-denúncia, que consiste em um documento no qual um aluno surdo registra suas experiências e acontecimentos ocorridos no Ines. É importante destacar que o próprio aluno fez esse registro em português como segunda língua, sem contar com nenhum auxílio.

Em síntese, a carta, que foi entregue ao fiscal da época, Tobias Leite, trazia relatos de maus-tratos praticados pelo diretor da instituição da época contra estudantes surdos(as). Datada de março de 1868, essa carta despertou meu interesse acadêmico, pois permite compreender o contexto daquele período, bem como os acontecimentos que levaram um aluno surdo a denunciar as práticas arbitrárias naquela instituição de ensino. Ademais, por meio desse documento, é possível perscrutar também as consequências e os desdobramentos dessa carta na vida do instituto, seus estudantes e seus gestores.

---

[42] Nasceu no Rio de Janeiro. Filho de Anicetro José da Costa Gama e Felicidade Roza do Espírito Santo. Ingressou no Ines em 23 de dezembro de 1863, na gestão de Manoel de Magalhães Couto, quando tinha 11 anos de idade. Surdo de nascença, foi pensionista do estado, dado o estado de pobreza de seus pais. Foi repetidor do mesmo Instituto entre 1870 e 1877. Por um curto período, assumiu a função de professor quando outro professor estava afastado. Publicou *Iconographia dos Signaes dos Surdos-Mudos*, em 1875, obra importante na história da língua de sinais no Brasil, pois foi o primeiro dicionário registrado nessa língua. Deixou o Instituto por portaria de 8 de março de 1878.

[43] Natural do Rio de Janeiro, filha de João José de Freitas, foi pensionista do estado. Ingressou no Ines em 15 de março de 1858 e saiu em junho de 1862, por decisão do pai, que estava insatisfeito com a educação.

[44] Foi escrava de Henrique Eduardo Nascentes Pinto, que a libertou em 6 de fevereiro de 1868 por carta oficial. Na época, não havia impedimento para a admissão de libertos no Instituto. Foi admitida em 1º de setembro de 1871, aos 11 anos, e constou como filha de pais incógnitos. No final de 1873, foi retirada da escola por ser menina.

INSTITUTO NACIONAL DE EDUCAÇÃO DE SURDOS: ORIGEM, GESTÃO E PERFIL DE ESTUDANTES (1856-1868)

3.1 APONTAMENTOS SOBRE A FUNDAÇÃO DA PRIMEIRA ESCOLA PARA SURDOS(AS) NO BRASIL

https://youtu.be/0jkDyJal6xU

FIGURA 2 – IMAGEM DO INES (1877)

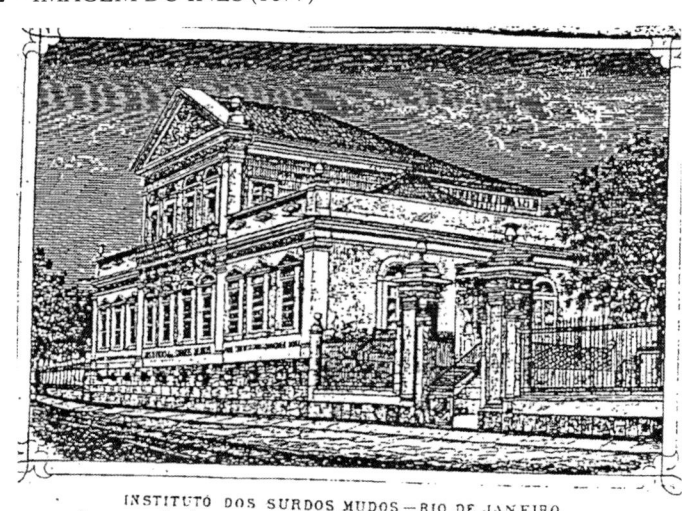

Fonte: Rocha (2018, p. 59)

Dentre os registros históricos sobre as defesas e iniciativas, mesmo que embrionárias, de criação da primeira escola para surdos(as) no Brasil, apontamos uma sessão pública, realizada em 30 de junho de 1846 na Academia Imperial de Medicina[45], da qual faziam parte o médico francês José Francisco Xavier Sigaud[46] e o médico brasileiro Joaquim Cândido Soares de Meirelles[47]. No discurso de Sigaud, é destacada a importância da criação de uma escola para surdos(as) no Brasil.

> Apontamentos exatos de estatística colhidos na Europa central, e nos Estados Unidos da América do Norte, deixam suspeitar as causas produtoras da surdez e da mudez. A Suíça oferece mais surdos-mudos do que os outros Estados da Europa, deles conta a França presentemente passante de vinte cinco mil: mas ignora-se ainda quais sejam as circunstâncias locais da atmosfera, e dos hábitos, que ocasionam uma tão grande cópia de casos de surdo-mudez congênitos. A questão da herança das moléstias nas famílias, que estão em condições de habitação, regimento, constituição pessoal, idênticas, haveria de esclarecer-se muitíssimo com as vossas pesquisas em um país, que, como o Brasil, apresenta tantos climas diversos, e hábitos tão opostos aos das povoações da Europa. A esta investigação já uma vez vos entregastes, por quanto já ensaios de instituição consagrada a esta enfermidade foram, há dez anos, tentados no Rio de Janeiro, e na ocasião houvestes de verificar que a surdo-mudez congenial não depende sempre de um vício de conformação da orelha, mas sim de uma alteração geral do sistema nervoso, cujo primeiro germe remonta à época da prenhez. O mesmo espírito de investigação animou-vos no exame dos cegos de nascimento, pois que na mesma família três meninos, operados de catarata

---

[45] Atual Academia Nacional de Medicina, é uma associação de direito privado, sem fins lucrativos, fundada no Brasil em 30 de junho de 1829 sob o nome de Sociedade de Medicina do Rio de Janeiro, que passou a denominar-se Academia Imperial de Medicina pelo decreto de 8 de maio de 1835.

[46] José Francisco Xavier Sigaud era francês, de Marselha, nascido no dia 2 de dezembro de 1792. Bacharel em Letras, iniciou seus estudos em Medicina na França. Emigrou para o Brasil em 1825 fugindo da perseguição política de Charles X. Em 1827, foi um dos fundadores do *Jornal do Commercio*, um dos mais importantes jornais da época do império. Também fundou o primeiro periódico médico brasileiro: O Propagador das Sciencias Médicas ou Anaes de Medicina, Cirurgia e Pharmacia: para o Império do Brasil e Nações Estrangeiras. Em 1829, fundou a Sociedade de Medicina do Rio de Janeiro, da qual foi presidente três vezes. Foi nomeado médico honorário da família imperial em 1833 por ter tratado o Imperador Pedro II. Viajou para a França em 1843, para pesquisar sobre educação de cegos para sua filha Adélia Sigaud. Contribuiu e se empenhou para a criação do Imperial Instituto dos Meninos Cegos, inaugurado em setembro de 1854. Faleceu em 10 de outubro de 1856, no Rio de Janeiro.

[47] Joaquim Cândido Soares de Meireles nasceu em Sabará, Minas Gerais, em 5 de novembro de 1797. Foi médico e político. Foi idealizador, fundador e o primeiro presidente da Academia Imperial de Medicina e patrono do Serviço de Saúde da Marinha do Brasil. Faleceu no Rio de Janeiro em 13 de julho de 1868.

> congenial, há cerca de 1 ano, nesta Capital, atraíram a atenção de vós todos para a necessidade da fundação de um asilo de educação para esses jovens infortunados, cujo número é no Brasil menos diminuto do que se pensa. Se o gênio dos padres de l'Épée e Sicard compôs uma língua especial para o ouvido, língua cuja expressão, um tanto vaga, corresponde, todavia, a todos os sentimentos da alma, e abasta as principais ideias do entendimento.[48]

Podemos perceber que Sigaud destaca a importância e a necessidade de se criar uma escola para surdos(as) e uma escola para cegos(as). É importante ressaltar que, nesse período, ainda não existiam tais instituições. Sigaud era médico e pai de uma menina cega. Provavelmente, sua opinião contribuiu, de alguma forma, para a criação dessas escolas. Deve-se lembrar ainda que, depois da Reforma Couto Ferraz[49], foi fundada, primeiramente, uma escola para cegos(as) e, dois anos mais tarde, um estabelecimento para surdos(as).

> O Doutor Sigaud despertou o interesse de Couto Ferraz, que encaminhou o projeto que resultou no Imperial Instituto dos Meninos Cegos. [...] Esta forma de recolhimento de crianças em lugares específicos já vinha sendo consagrada entre nós desde os tempos coloniais pelos jesuítas, nos aldeamentos dos índios, retirados de suas aldeias para apreenderem por meio de regras, orações, costumes cristãos sistematizados, outra forma de organização da vida de acordo com as crenças europeias. Tudo isso era usado como verdades dignas de levarem as almas para o céu. Isto também foi feito nos colégios, nos asilos para expostos, órfãos, crianças abandonadas e em colégios para crianças e adolescentes de famílias abastadas. (JANUZZI, 2012, p. 11).

O ministro e secretário de estado do Império Luís Pedreira de Couto Ferraz, cuja tarefa era voltada para atividades educacionais[50], organizou, em 1853, uma reforma educacional que levou seu nome, tendo como inspiração o modelo de instrução francesa. Essa reforma desenvolveu as diretrizes gerais para os ensinos primário e secundário da Corte, bem como para o ensino superior e os estabelecimentos particulares. Além disso, estabeleceu

---

[48] BIBLIOTECA NACIONAL, agosto de 1846, p. 66-67.

[49] A Reforma Couto Ferraz leva o nome de Luís Pedreira do Couto Ferraz, protagonista do projeto reformador sobre educação no Brasil Império.

[50] Luís Pedreira do Couto Ferraz, Visconde do Bom Retiro, nasceu em 7 de maio de 1818 no Rio de Janeiro. Faleceu aos 68 anos em 12 de agosto de 1886 na mesma cidade. Foi advogado e político, deputado geral, presidente da província do Rio de Janeiro, conselheiro de estado e senador do Império do Brasil de 1867 a 1886.

diretrizes para o funcionamento das escolas, discutiu os direitos e as responsabilidades dos professores e instituiu a supervisão de ensino, criando a Inspetoria-Geral de Educação Primária e Secundária, subordinada à Secretaria de Estado do Império.

Destacam-se também alguns registros históricos sobre temas relacionados ao que hoje denominamos de educação de surdos encontrados em reportagens do *Jornal do Commercio, Correio Mercantil e Instructivo, Político, Universal*. Nessas notas jornalísticas, aponta-se a chegada ao Brasil, em maio de 1849, de dois surdos, o francês Pedro Dionizio João Roger e o norte-americano J. E. M. Baker. As notas dos jornais, intituladas, respectivamente, *Alphabeto do surdo-mudo* e *Benefício à Humanidade*, trazem as propostas de Roger e Baker de ensinar as pessoas por meio de "um novo método", o "alphabeto das mãos".

FIGURA 3 – NOTÍCIAS SOBRE O MÉTODO DE ENSINO DO ALFABETO COM AS MÃOS (1849)

ALPHABETO PARA SURDOS-MUDOS.

Manual para uso dos surdos-mudos, e para divertimento e utilidade dos que quizerem fallar com as mãos e ouvir pelos olhos. Tambem o alphabeto de ambas as mãos, signaes para os algarismos, as vocaes e numeros. — Por meio deste alphabeto qualquer pessoa póde ensinar a um menino surdo-mudo de nascimento uma linguagem muito correcta, que se póde aprender em algumas horas. — O abaixo assignado roga respeitosamente aos habitantes desta côrte se dignem comprar o alphabeto do surdo-mudo. Preço, 1$ rs.— *Pedro D. J. Roger*, Francez, Surdo-mudo de nascimento, morador no hotel da Boa-Vista, rua da Alfandega n. 308.

BENEFICIO A' HUMANIDADE.

CHEGARÃO a esta côrte, Pedro Dionizio João Roger, subdito francez, e J. E. M. Baker, subdito americano, ambos surdos e mudos de nascimento: os quaes propõem-se a dar lições ás pessoas que se achem em iguaes circumstancias, de escripta, leitura e contabilidade, por meio de um novo methodo, e o alphabeto das mãos. O Sr. Roger é digno por muitos titulos da protecção do publico, e lisongea-se com a idéa de que os Srs. que o occupem para ensinar os seus pequenos ficárão satisfeitos com o seu novo alphabeto, o qual se acha á venda por 1$000 cada exemplar. O Sr. Roger tambem ensina o francez, inglez e hespanhol: quem dos mesmos precisar dirija-se á rua da Alfandega n. 308, no hotel da Boa-Vista.

Fonte: *Jornal do Commercio*[51]; *Correio Mercantil, e Instructivo, Político, Universal*[52]

Mesmo que não tenham sido encontradas, nos acervos pesquisados, outras informações sobre os trabalhos desenvolvidos por Roger e Baker,

---

[51]   BIBLIOTECA NACIONAL, 2º de maio de 1849, p. 3.

[52]   BIBLIOTECA NACIONAL, 1º de maio de 1849, p. 4.

é possível apontar que esses registros são uma fonte histórica importante sobre a forma como a língua de sinais começou a ser demarcada no Brasil. Ora concebida como entretenimento, ora como um método de aprendizado com as mãos, essa iniciativa demonstra o interesse de ambos em iniciar um processo de formação para escrita, leitura e contabilidade.

O atual Instituto Nacional de Educação de Surdos, criado em 1856, foi denominado, quando de sua criação, de Collégio Nacional para Surdos- -Mudos e se originou durante o governo de D. Pedro II. O grande criador da proposta do referido colégio foi o surdo francês Edouard Huet, que se tornou seu primeiro diretor, conforme nos debruçaremos de forma mais detalhada a seguir, dada sua importância histórica para a educação de sur- dos(as) no contexto brasileiro.

O convite imperial para o professor francês Edouard Huet vir ao Brasil fundar o atual Ines se deu após a Reforma Couto Ferraz (1854), que, conforme já mencionamos, propôs uma nova organização educacional em nosso país, baseada no modelo francês de educação.

O *Jornal do Commercio* aponta que Edouard Huet chegou ao Brasil no dia 9 de maio de 1855[53]. Um mês depois, em 9 de junho de 1855, o mesmo jornal noticiou: "Acaba de chegar a esta corte o Sr. E. Huet, ex-director do Instituto dos Surdos-Mudos de Bourges"[54], com o objetivo de fundar um estabelecimento destinado aos(às) surdos(as) no Rio de Janeiro. Os registros sobre a chegada de Huet no Brasil são contraditórios.

Segundo Rocha (2009, p. 37), "outro dado novo que esse estudo traz é o registro de funcionamento do Collégio Francez, de sua propriedade no período de 1845/1851, no Rio de Janeiro".

> O estabelecimento começou a funcionar nas dependências do Collegio de Vassimon na Rua dos Beneditinos nº 8. Vem de longa data a ligação de Huet com a família Vassimon. No ano de 1845, portanto dez anos antes de propor a fundação do colégio para surdos, Huet era proprietário do Collégio Francez Huet para meninos. Esse colégio funcionou até 1851 na Rua da Ajuda nº 68. No período entre 1852 e 1854, não há registro de atividade escolar de Huet. Outro dado importante que associa Huet aos Vassimon é a coincidência das datas de abertura e término das escolas dirigidas por

---

[53] Seu nome consta na lista de passageiros que aportaram na cidade do Rio de Janeiro, na Galeria francesa Imperatriz do Brasil, vinda da cidade francesa de Havre, que fica a 98 km de Caen, onde Huet nasceu.

[54] BIBLIOTECA NACIONAL, 9 de junho de 1855, p. 2.

> ambos. O Collégio de Vassimon começa a funcionar em 1844 e termina em 1861, mesmo ano do desligamento de Huet do Instituto de Surdos por ele fundado. (ROCHA, 2009, p. 38).

Nos registros consta apenas o sobrenome Huet desde 1845, mas não há menção alguma ao primeiro nome, o que não garante que o Collégio Francez (uma instituição privada) seja de propriedade de Edouard Huet. Oficialmente, temos o registro de sua chegada no dia 9 de maio de 1855, conforme consta na lista de passageiros do navio francês que desembarcou no Brasil[55].

No dia 22 de junho de 1855, Edouard Huet entregou uma carta, escrita em francês[56] ao Imperador Dom Pedro II, cujo conteúdo revela suas intenções de criar um estabelecimento para surdos(as) e relatava sua experiência passada como ex-diretor do Instituto dos Surdos-Mudos de Bourges na França. Segundo Rocha (2009, p. 37), "cumpre destacar que era comum que surdos formados pelos Institutos especializados europeus fossem contratados a fim de ajudar a fundar estabelecimentos para a educação de seus semelhantes".

Segundo Mendonça, Dias, Martins e Cruz (2019), pesquisadores do Ines[57], que analisaram a carta de Edouard Huet[58] ao Imperador Dom Pedro II, essa se fundamenta em pressupostos teórico-metodológicos da Linguística Sistêmico-Funcional.

> Huet escolheu os enunciados, a fim de que o Imperador aceitasse suas condições e propostas para a criação do Instituto e, para isso, não utilizou escolhas linguísticas sem sentido, mas aquelas que contribuíram para atingir sua audiência, de modo a convencer o interlocutor quanto ao seu objetivo. E convenceu! (MENDONÇA; DIAS; MARTINS; CRUZ, 2019, p. 14).

A análise de Mendonça, Dias, Martins e Cruz (2019) sobre a carta indica que Huet, mesmo sendo surdo, valeu-se de enunciados e de um discurso precisos a fim de convencer o Imperador a apoiá-lo. Não se pode perder de vista, entretanto, que suas intenções vinham ao encontro da reforma

---

[55] Até o momento, não encontramos nenhum registro de que Huet tenha ido de volta à França e novamente voltado ao Brasil.

[56] A carta, de três páginas em francês, escrita em 1855, foi traduzida para português e Libras (vídeo), encontra-se disponível no site do Ines.

[57] Alana Mendonça, Maiely Dias, Monica Martins, alunas do curso de pedagogia bilíngue do Instituto Nacional de Educação de Surdos, integrantes do grupo de pesquisa "O passado tem história: representações sobre o INES presentes em cartas e documentos oficiais e extraoficiais à luz da Linguística Sistêmico-Funcional", sob orientação da professora Osilene Cruz.

[58] ACERVO HISTÓRICO DO INES. *Carta de Edouard Huet ao Imperador Dom Pedro II*. Rio de Janeiro, 22 de junho de 1855.

de Couto Ferraz (1854), assim como da inexistência de uma escola para surdos, o que contrastava com a escola para cegos, que já havia sido criada.

Edouard Huet foi apresentado ao Marquês de Abrantes pelo Ministro das Relações Exteriores da França da época, Édouard Drouyn de Lhuys[59], que o indicou como hábil ex-professor e zeloso ex-diretor de uma instituição para surdos na França, o Instituto dos Surdos-Mudos de Bourges. Marquês de Abrantes, por sua vez, apresentou Huet ao Imperador Dom Pedro II.

> Ano de 1855, chegou ao Rio de Janeiro E. Huet, francês, surdo-mudo, com a intenção de abrir uma escola para ensinar seus companheiros de infortúnio. Apresentou, como prova de sua idoneidade, uma carta do ministro de instrução pública do seu país, Droyun de Lhuys, ao Cavalheiro de Saint George, ministro de França junto ao Governo do Brasil. O Sr. de Saint George apresentou E. Huet ao Marquês de Abrantes abonando-o como hábil ex-professor e zeloso ex-diretor do Instituto de Bourges. Por sua vez, o Marquês de Abrantes apresentou Huet ao Imperador, que o acolheu benevolamente, prometendo auxiliá-lo na realização do seu intento.[60]

O Imperador o acolheu e prometeu apoiar a proposta de Edouard Huet de criar um estabelecimento para estudantes surdos(as) no território brasileiro. A pedido do Imperador, Marquês de Abrantes designou o Doutor Manoel Pacheco da Silva[61], então reitor do Imperial Colégio D. Pedro II[62], para facilitar a Huet os meios de abrir sua escola.

---

[59] Édouard Drouyn de Lhuys (1805-1881) nasceu em Paris, na França. Foi diplomata, embaixador na Holanda e Espanha e Ministro de Relações Exteriores por quatro vezes, primeiramente entre 1848 a 1849, no primeiro governo de Odilon Barrot. No segundo governo de Barrot, foi substituído por Alexis de Tocqueville e nomeado embaixador na Grã-Bretanha. Retornou brevemente como Ministro das Relações Exteriores por alguns dias em janeiro de 1851 e depois, permanentemente, no verão de 1852, tornando-se o Ministro das Relações Exteriores do Segundo Império. Renunciou ao cargo no dia 7 de maio de 1855, durante a Guerra da Crimeia, quando as preliminares de paz, que ele havia acordado em consulta com os britânicos e austríacos em Viena, foram rejeitadas por Napoleão III. Voltou ao poder sete anos depois, em 1862, quando o Ministro das Relações Exteriores, Édouard Thouvenel, renunciou por conta de diferenças com Napoleão nos assuntos italianos. Drouyn foi, portanto, Ministro das Relações Exteriores na preparação para a Guerra Austro-Prussiana. A partir de 1870, renunciou e retirou-se para a vida privada.

[60] BIBLIOTECA NACIONAL, 1898, p. 3.

[61] Manuel Pacheco da Silva (1812-1889), conhecido como Barão de Pacheco, foi médico e educador. Nasceu no dia 6 de agosto de 1812 no Rio de Janeiro. Exerceu diversos cargos públicos, entre eles Inspetor Geral Interino, membro da Junta Central de Higiene Pública, reitor do Colégio Pedro II e diretor do Instituto Comercial do Rio de Janeiro. Foi preceptor dos príncipes Pedro e Augusto Leopoldo, netos do Imperador Dom Pedro II, filhos da princesa Leopoldina com Luís Augusto de Saxe-Coburgo-Gota.

[62] Atual Colégio Pedro II, no Rio de Janeiro. Foi inaugurado em 2 de dezembro de 1837 durante a regência de Pedro de Araújo Lima, o Marquês de Olinda. À época, a instituição atendia apenas aos filhos da elite.

Nesse contexto, acredita-se que Huet aproveitou o ensejo para estabelecer as relações necessárias de aproximação com o Imperador e assim fundar o atual Ines. Por outro lado, pode-se dizer que havia também um interesse da parte do próprio Imperador Dom Pedro II, pois ele mesmo tinha um parente surdo. Reis (1992) teria um neto, filho da Princesa Isabel com Gastão de Orléans, conhecido como Conde d'Eu, que pelas descrições históricas era um surdo parcial. Em publicação de Roderick J. Barman, que trata da biografia de Dom Pedro II, é apresentada uma carta do tio do Conde d'Eu para o Imperador, datada de 6 de dezembro de 1863, com o seguinte conteúdo:

> Estou enviando-lhe o retrato mais recente que pude encontrar do conde d'Eu, filho mais velho de meu irmão Nemours. Se pudesses escolhê-lo para uma de suas filhas, seria perfeito. Ele é alto, forte, atraente, bom, gentil, muito amistoso, muito educado, amante dos estudos e, além disso, já possui certa reputação militar. **Ele tem a audição um pouco deficiente, mas não chega a ser um defeito.** (BARMAN, 2012, p. 229, grifo nosso).

Por sua vez, Reis (1992) mencionou que o professor Geraldo Cavalcanti de Albuquerque, discípulo do professor João Brasil Silvado, que também foi diretor do Ines, entre 1903 e 1907, informou-lhe em entrevista sobre o interesse do Imperador na educação de surdos(as).

> Corria a informação, nos primórdios da instituição, de que D. Pedro II teria trazido para o Brasil o professor Huet para iniciar o ensino de surdos no Brasil, porque a Princesa Isabel tinha um filho que era surdo e que, em função disso, D. Pedro II teria se interessado em iniciar a educação destes no Brasil. (REIS, 1992, p. 62).

Nossos estudos não encontraram provas cabais do interesse pessoal/familiar do Imperador Dom Pedro II na criação do Ines. Baseamo-nos no fato de que ele teve quatro filhos, dos quais dois morreram na infância. Apenas duas filhas chegaram à fase adulta e eram ouvintes. Princesa Isabel, uma das filhas, casou-se com Gastão de Orléans (Conde d'Eu), em 15 de outubro de 1864. Os registros apontaram que a fundação do Collégio Nacional para Surdos-Mudos ocorreu em 1º de janeiro de 1856, quando Isabel tinha 9 anos, uma vez que nasceu em 1846. O primeiro neto de Dom Pedro II, Pedro Augusto de Saxe-Coburgo e Bragança, nasceu em 19 de março de 1866. Ele era filho da princesa Leopoldina do Brasil, irmã de

Isabel. Isabel e Gastão de Orléans tiveram quatro filhos, das quais a primeira filha nasceu em 1870. No entanto, não há registros de que algum neto de Dom Pedro II fosse surdo[63].

No Quadro 5, apresentamos uma breve linha do tempo que compara dados referentes à família de Dom Pedro II e é indicativa de instituições educacionais para surdos(as) no Brasil.

QUADRO 5 – DADOS DA FAMÍLIA DE DOM PEDRO II E A EDUCAÇÃO DE SURDOS(AS)

Data	Família de Dom Pedro II	Educação dos(as) surdos(as)
29 de julho de 1846	Nascimento de Isabel, filha de Dom Pedro II.	Não havia educação formal de surdos no Brasil.
22 de junho de 1855	Isabel tem 9 anos de idade.	Huet apresenta ao Imperador D. Pedro II uma carta em língua francesa. No ano seguinte, 1856, foi fundado o Collégio Nacional para Surdos-Mudos (atual Ines).
15 de outubro de 1864	Isabel casa-se com Gastão (Conde d'Eu).	O Ines conta oito anos de funcionamento, na gestão de Manoel de Magalhães Couto.
19 de março de 1866	Nasce o primeiro neto de Dom Pedro II, Pedro Augusto de Saxe-Coburgo e Bragança, filho da princesa Leopoldina do Brasil, irmã de Isabel.	O Ines tem dez anos de funcionamento, na gestão de Manoel de Magalhães Couto.
28 de julho de 1874	Nasce Luísa Vitória, primeira filha de Isabel e Gastão.	O Ines tem 18 anos de funcionamento, na gestão de Tobias Leite. No ano seguinte, 1875, foi publicado o primeiro dicionário de língua de sinais pelo ex-estudante Flausino.

Fonte: Knapik e Rocha (2022)

O Quadro 5 nos faz indagar se realmente a motivação do Imperador em fundar o Collégio Nacional para Surdos-Mudos foi familiar. No estudo

---

[63] Dom Pedro II teve oito netos conhecidos, dos quais quatro filhos de Isabel: Luísa Vitória, Princesa do Grão-Pará (nascida morta); Pedro de Alcântara, Príncipe do Grão-Pará (1875-1940); Luís Maria do Brasil (1878-1920); e Antônio Gastão do Brasil (1881-1918). Quatro eram filhos de Leopoldina: Pedro Augusto (1866-1934); Augusto Leopoldo (1867-1922); José Fernando (1869-1888) e Luís Gastão (1870-1942).

de Knapik e Rocha (2022), acerca de documentos históricos que apontam a fundação da primeira escola de surdos(as) no Brasil, encontra-se o seguinte:

> [...] a criação da primeira escola para surdos no Brasil está implicada na atuação de professores surdos e seus aliados ouvintes que divulgaram o método do abade l'Épée em inúmeros Institutos na Europa e América. No caso do Brasil, a escola se relaciona com a Reforma Couto Ferraz, aprovada pelo Decreto Imperial nº 1331A, que estabelece o Regulamento da Instrução Primária e Secundária do Município da Corte, em 17 de fevereiro de 1854. (KNAPIK; ROCHA, 2022, p. 34).

Afora as versões e os interesses que cercam a criação da primeira escola para surdos(as) no Brasil, é preciso dizer que a contribuição de Huet para a história da educação de surdos(as) no Brasil precisa ser enaltecida e recontada para que seu legado não seja esquecido.

3.2 GESTÕES DO INES (1856-1868)

https://youtu.be/2zIv3Qdowr0

Nesta seção, apresentamos alguns aspectos importantes sobre as gestões dos quatro primeiros diretores do atual Ines, que se dão entre os anos de 1856 e 1868.

QUADRO 6 – GESTÕES DO INES ENTRE 1856 E 1868

Diretores	Período da gestão
Edouard Huet	1º de janeiro de 1856 a 16 de dezembro de 1861
Frei João do Monte do Carmo	28 de dezembro de 1861 a 27 de novembro de 1862
Ernesto do Prado Seixas	27 de novembro de 1862 a 1º de agosto de 1863
Manoel Magalhães Couto	1º de agosto de 1863 a 22 de agosto de 1868

Fonte: O autor (2022), com base em documentos do Arquivo Nacional

3.2.1 Edouard Huet (1856-1861)

https://youtu.be/BNcwOrZOBFo

FIGURA 4 – EDOUARD HUET

Fonte: Arquivo pessoal da Família Huet Herrera (JULLIAN, 2008).

No dia 1º janeiro de 1856, foi aberto o estabelecimento fundado por Edouard Huet, ex-diretor da Instituição dos Surdos-Mudos de Bourges. Era uma instituição particular que passou a funcionar em uma das salas das dependências do Colégio Vassimon[64], na Rua dos Beneditinos, nº 8, na cidade do Rio de Janeiro.

---

[64] Vem de longa data a ligação de Huet com a família Vassimon. O Colégio de Luís Antônio de Vassimon funcionou no Rio de Janeiro de 1844 a 1861, mesmo ano do desligamento de Huet do Ines (ROCHA, 2009).

Os esforços de Marquês de Abrantes e do Doutor Manoel Pacheco da Silva resultaram na matrícula dos primeiros estudantes na instituição criada por Huet, em 1º de janeiro de 1856. Eram duas meninas: Umbelina Cabrita[65], de 14 anos, e Carolina Bastos[66], de 10 anos, ambas naturais do Rio de Janeiro[67] e pensionistas custeadas pelo Imperador. Carolina Bastos e Umbelina Cabrita foram as primeiras alunas surdas registradas a receber educação formal na história do Brasil. Naquela época, não foi fácil captar estudantes para Huet, pois os pais não eram favoráveis à ideia de entregar seus filhos a um estrangeiro desconhecido, conforme relatado na carta do Marquês de Abrantes.

> O Diretor do Instituto alguma diligência tem jeito para abri-los; mas parece que, por ser desconhecido e estrangeiro, não inspira nos pais e tutores a [...] confiança para [...] entregar-lhe os respectivos filhos ou papilhos. Para destruir esta desconfiança, aliás justificável, há meio de procurar esclarecê-los de que os estudantes que entrassem para o Instituto ficarão debaixo da tutelar proteção de uma comissão composta de pessoas respeitáveis e zelosas. Nestas circunstâncias, recorro à bondade [...] de V. Exª para que, dignando-se ajudar-me nesta tarefa humanitária, como já a tem feito em outras, se sirva recomendar aos subdelegados respectivos, ou a outras pessoas da sua confiança, que, a vista do Programa e Regulamento de Instituto, hajam de persuadir aos parentes dos surdos-mudos, existentes nas suas freguesias [...], a que não hesitem em confiá-los ao ensino e cuidado do Instituto, e não persistam em privá-los do maior bem que se lhes possa fazer.[68]

---

[65] Nasceu em 15 de maio de 1842, sendo batizada no dia 28 de maio de 1843 na igreja de Nossa Senhora Madre de Deus, em Porto Alegre, Rio Grande do Sul. Filha de Francisco de Paula de Avelar Cabrita Junior, coronel-tenente, natural de Montevidéu, atual Uruguai (à época, uma ex-colônia portuguesa chamada Cisplatina) e de Francisca Maria da Gloria da Silva, natural de Viamão, Rio Grande do Sul. Mudou-se para o Rio de Janeiro logo após o batismo dela. Estudou no Instituto desde o dia 1º de janeiro de 1856 e saiu em meados de 1859, uma vez que documentos não a registram mais (era aluna pensionista pela família do Imperador). Não há informações sobre ela entre 1860 e 1867, porém foi registrado em 11 de julho de 1867 que ela faleceu com apenas 25 anos de idade, no Rio de Janeiro.

[66] Natural do Rio de Janeiro, ingressou no Instituto quando de sua abertura e lá ficou até 1859. Em relatório, Huet afirmou que Carolina Bastos tinha vista fraca, mas os demais documentos não demonstram se ela era surdocega. Por isso, seria preciso pesquisar mais, a fim de confirmar se ela foi a primeira aluna surdocega registrada na história do Ines.

[67] Há divergência sobre o local de nascimento de Umbelina Cabrita. A certidão de batismo comprovou que Umbelina nasceu em Porto Alegre, Rio Grande do Sul, porém em relatório de Huet consta que ela nasceu no Rio de Janeiro. Há registros comprovando que seus irmãos foram batizados em igreja no Rio de Janeiro a partir de 1844. O Almanak Laemmert aponta que seu pai, Francisco de Paula de Avelar Cabrita Junior, residia na Rua de São Pedro, 233, desde 1853. Seu avô paterno, Francisco de Paula Avelar Cabrita, faleceu em 22 de outubro de 1846, no Rio de Janeiro. Entretanto, a família na realidade mudou-se para o Rio de Janeiro logo após o batismo de Umbelina, de modo que a família morou desde 1843 ou 1844 na mesma cidade em que Umbelina ingressou no Instituto.

[68] ACERVO HISTÓRICO DO INES, 1857, s.p.

Depois disso, o Instituto recebeu um estudante, Antônio Candido dos Reis, de Minas Gerais[69], cujos pais pagavam a pensão anual para o filho estudar. Em março de 1856, a comissão conseguiu as pensões para a sustentação de dois novos estudantes pobres[70], mantidos pelos Convento do Carmo e o Mosteiro de São Bento.

A pensão anual para estudar na Instituição era de 500$000 réis[71], e dava direito à alimentação, à moradia e à educação. O programa ministrado por Edouard Huet admitia qualquer indivíduo surdo, de ambos os sexos, com idades entre 7 e 16 anos, para um curso de seis anos de estudos. Em 1858, a idade máxima permitida aumentou para 18 anos. As seguintes disciplinas foram ministradas por Huet:

FIGURA 5 – DISCIPLINAS MINISTRADAS POR HUET (1856-1861)

DISCIPLINAS.

Escripta e leitura.
Elementos da lingua nacional —
  Grammatica.
Noções de religião e dos deveres
  sociaes — Cathecismo.
Geographia.

Historia do Brasil.
Historia sagrada e profana.
Arithmetica.
Desenho.
Escripturação mercantil.

Fonte: Almanak Laemmert[72]

Além das disciplinas organizadas pelo primeiro diretor, como mostra a Figura 5, havia a divisão de gênero para educação: os meninos aprendiam lições de agricultura teórica e prática. Os trabalhos usuais de agulha eram para meninas. Todos(as) os(as) surdos(as) aprendiam lições de pronúncia,

---

[69] Natural de Minas Gerais, apesar de nenhum documento encontrado mencionar a cidade. Ingressou no dia 1º de fevereiro de 1856, aos 26 anos, e foi o primeiro estudante mineiro matriculado na história do Ines e o primeiro a ter sua pensão paga pela família. Também foi o primeiro a sair do Instituto sem a educação completa por decisão da família, tendo seu pai dito ao diretor Huet que seu filho não voltaria mais à sua escola, sem explicar o motivo. Evadindo-se da escola no final de 1858, completou apenas dois anos de estudos; mesmo assim, recebeu prêmios como ótimo aluno de aritmética, cálculo e aplicação para meninos.

[70] Registra os nomes de dois estudantes surdos: Carolina Vieira e João Casimiro Peixoto. Carolina Vieira, natural do Rio de Janeiro, é órfã e entrou no Instituto no dia 1º de março de 1856 aos 15 anos de idade. Ela foi a única aluna que teve a pensão doada pelo Convento do Carmo e saiu em algum momento de 1859, pois a partir de 1860 não há registro dela como pensionista da igreja. João Casimiro Peixoto, natural do Rio de Janeiro, foi o único pensionista na lista pelo Convento de São Bento, admitido no dia 1º de abril de 1856, quando tinha 13 anos de idade. Saiu sem concluir sua educação em 1859.

[71] Réis foi o nome da moeda utilizada no Brasil desde o período colonial até 5 de outubro de 1942.

[72] BIBLIOTECA NACIONAL, 1856, p. 406.

articulação e leitura, a fim de terem reconhecidas suas aptidões. Meninos e meninas eram completamente separados, com refeitórios e dormitórios distintos no 1º e no 2º andar, os meninos sob vigilância do diretor e as meninas sob a guarda da diretora, Catharina Brodbeck[73].

Segundo Conceição (2012), a convivência de meninos e meninas no espaço escolar era supervisionada e era uma adaptação, decorrente do baixo desenvolvimento do ensino na província, que não exigia muitos pedidos das famílias. Sobretudo, a baixa demanda fazia com que os proprietários de instituições privadas buscassem maximizar as possibilidades de captação de alunos. Todavia, nos grandes internatos, principalmente os da Igreja Católica, a regra era dar atendimento para apenas um sexo. O Regulamento da Instrução Pública do Município da Corte do Rio de Janeiro, aprovado pelo Decreto nº 1.331 A, de 17 de fevereiro de 1854, estabeleceu que em casas de internatos de meninas não podiam ser admitidos meninos, nem poderiam morar alunos do sexo masculino maiores de 10 anos, exceto o marido da diretora.

Em outubro de 1856, o estabelecimento foi transferido para um prédio maior, alugado por três anos no Morro do Livramento, com entrada pela rua São Lourenço. Havia sete estudantes, prestando-se o Mosteiro de São Bento e o Convento do Carmo a pagar dois contos de réis por ano. Um regimento interno foi organizado pelo Marquês de Abrantes, de acordo com o diretor Huet, e aprovado pela comissão, passando, então, a vigorar o Instituto.

O Instituto organizava todos os anos, principalmente nos fins de período letivo, exames públicos e distribuição de prêmios, com a presença do Imperador, de autoridades e de diversas pessoas importantes na época. Essa prática foi mantida até 1888, pois, no ano seguinte, foi proclamada a República, levando ao fim do governo imperial no Brasil. Muitos jornais informavam a presença de Dom Pedro II e sua família no estabelecimento. A Figura 6 mostra uma notícia da época, em um dos jornais imperiais.

---

[73] Há várias grafias do nome e sobrenome: Catharina, Catarina, Catherina, Catalina, Catherine, Katherine; e Brodbuck, Brodbuk, Bredbel, Broadbuck, Brobec, Boadibuk, Brodbeck. Esse último é mais usado em regiões de língua alemã. Em alguns registros, consta Catharina Reinhardt. Nasceu entre 1832 e 1836 em Niederschlettenbanch, na Alemanha, perto da fronteira com a França. Filha de Izabel Brodbeck, veio ao Rio de Janeiro para se casar com Edouard Huet em 16 de agosto de 1856. Em seguida, assumiu como diretora do Instituto no lugar da Sra. Vassimon. Foi professora em escola de surdos(as) no México desde 1867. Acredita-se que eles se separaram e logo ela se mudou para Nova York, nos Estados Unidos, em 1878. Não foi encontrada data do falecimento. Teve três filhos com Huet: Adolfo, Maria Carolina e Bertha.

FIGURA 6 – NOTÍCIAS SOBRE EXAME E DISTRIBUIÇÃO DE PRÊMIOS COM A PRESENÇA DO IMPERADOR (1856)

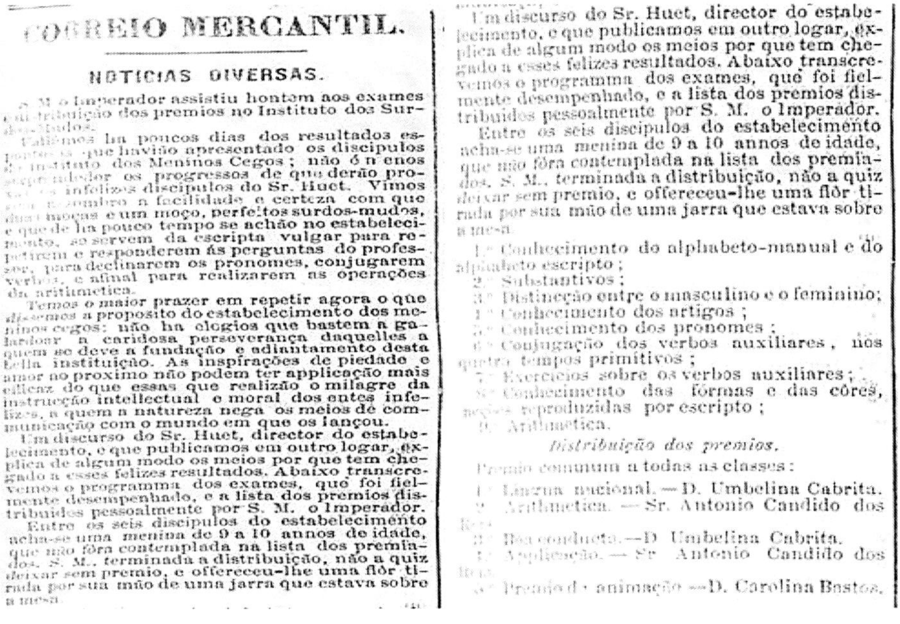

CORREIO MERCANTIL.

NOTICIAS DIVERSAS.

S. M. o Imperador assistiu hontem aos exames e distribuição dos premios no Instituto dos Surdos-Mudos.

Fallámos ha poucos dias dos resultados espantosos que havião apresentado os discipulos do Instituto dos Meninos Cegos; não ó menos surprehendedor os progressos de que derão provas os infelizes discipulos do Sr. Huet. Vimos com assombro a facilidade e certeza com que duas moças e um moço, perfeitos surdos-mudos, e que de ha pouco tempo se achão no estabelecimento, se servem da escripta vulgar para repetirem e responderem ás perguntas do professor, para declinarem os pronomes, conjugarem verbos, e afinal para realizarem as operações da arithmetica.

Temos o maior prazer em repetir agora o que dissemos a proposito do estabelecimento dos meninos cegos: não ha elogios que bastem a galardoar a caridosa perseverança daquelles a quem se deve a fundação e adiantamento desta bella instituição. As inspirações de piedade e amor ao proximo não podem ter applicação mais efficaz do que essas que realizão o milagre da instrucção intellectual e moral dos entes infelizes, a quem a natureza nega os meios de communicação com o mundo em que os lançou.

Um discurso do Sr. Huet, director do estabelecimento, e que publicamos em outro logar, explica de algum modo os meios por que tem chegado a esses felizes resultados. Abaixo transcrevemos o programma dos exames, que foi fielmente desempenhado, e a lista dos premios distribuidos pessoalmente por S. M. o Imperador.

Entre os seis discipulos do estabelecimento acha-se uma menina de 9 a 10 annos de idade, que não fôra contemplada na lista dos premiados. S. M., terminada a distribuição, não a quiz deixar sem premio, e offereceu-lhe uma flôr tirada por sua mão de uma jarra que estava sobre a mesa.

Um discurso do Sr. Huet, director do estabelecimento, e que publicamos em outro logar, explica de algum modo os meios por que tem chegado a esses felizes resultados. Abaixo transcrevemos o programma dos exames, que foi fielmente desempenhado, e a lista dos premios distribuidos pessoalmente por S. M. o Imperador.

Entre os seis discipulos do estabelecimento acha-se uma menina de 9 a 10 annos de idade, que não fôra contemplada na lista dos premiados. S. M., terminada a distribuição, não a quiz deixar sem premio, e offereceu-lhe uma flôr tirada por sua mão de uma jarra que estava sobre a mesa.

1.º Conhecimento do alphabeto-manual e do alphabeto escripto;
2.º Substantivos;
3.º Distincção entre o masculino e o feminino;
4.º Conhecimento dos artigos;
5.º Conhecimento dos pronomes;
6.º Conjugação dos verbos auxiliares, nos quatro tempos primitivos;
7.º Exercicios sobre os verbos auxiliares;
8.º Conhecimento das fórmas e das côres, depois reproduzidas por escripto;
9.º Arithmetica.

Distribuição dos premios.

Premio commum a todas as classes:

1.º Lingua nacional. — D. Umbelina Cabrita.
2.º Arithmetica. — Sr. Antonio Candido dos Reis.
3.º Boa conducta. — D. Umbelina Cabrita.
4.º Applicação. — Sr. Antonio Candido dos Reis.
5.º Premio de animação. — D. Carolina Bastos.

Fonte: Correio Mercantil e Instrutivo, Político, Universal [74]

Huet recebeu muitos elogios do Imperador, dos espectadores e jornalistas, pelos resultados positivos de seu brilhante trabalho. Um dos jornais, o *Jornal do Commercio*, elogiou Huet como profissional, exemplo de caridade e dedicação aos(às) surdos(as), conforme registrado na notícia, segundo a qual, o professor, como "digno mestre dos infelizes surdos-mudos, deve achar-se bem pago por seus esforços, lidas e cuidados pela sua própria piedade, pelo adiantamento surpreendedor que mostram os seus estudantes, e pelos elogios que de todos tem merecido"[75]. Os(as) estudantes foram capazes de apresentar os resultados dos seus trabalhos aos examinadores, que ficaram bem impressionados, fizeram elogios e distribuíram prêmios aos(às) estudantes que completaram o curso do ano.

[74] BIBLIOTECA NACIONAL, 6 de dezembro de 1856, p. 1.

[75] BIBLIOTECA NACIONAL, 8 de dezembro de 1856, p. 1.

FIGURA 7 – MAPA PEDAGÓGICO DOS(AS) ESTUDANTES SURDOS(AS) NO INES (1858)

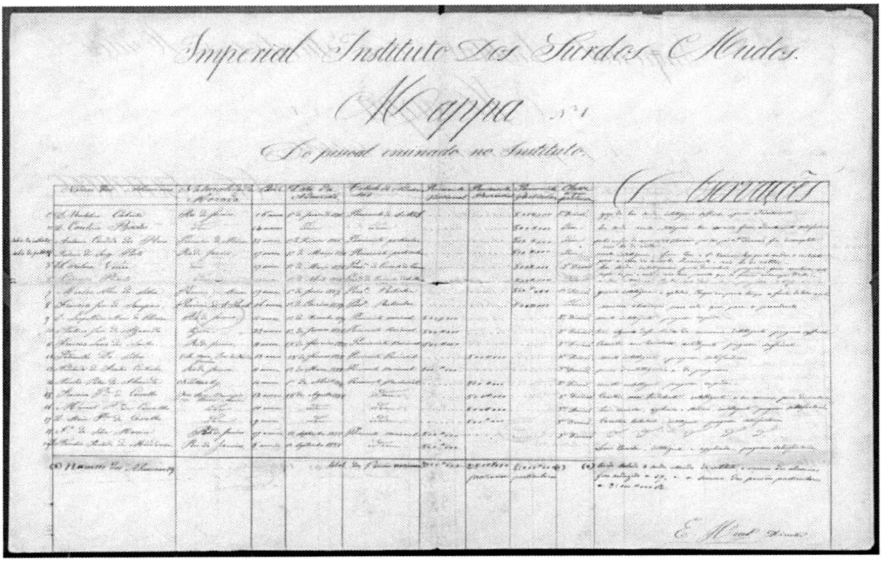

Fonte: Acervo Histórico do Ines[76]

A Figura 7 faz alusão ao Mapa Pedagógico, que é o primeiro registro sobre a lista de estudantes surdos(as) de 1858 elaborada por Huet. Nesse documento, constavam 19 estudantes matriculados, dos quais 13 meninos e seis meninas.

Segundo o relatório do diretor de 1859, Edouard Huet desempenhou seu trabalho com dedicação, mas afirmava estar sobrecarregado pela falta de recursos e por questões pessoais. Por isso, relatou à Comissão Inspetora as necessidades de melhorias para a instituição, como aumento de verbas para alimentação, vestuário e objetos, além da contratação de um professor e uma professora com habilitações especiais, um professor de religião, um inspetor de estudantes e um médico. O presidente da comissão informou que reconhecia a falta de professores, mas que o governo iria providenciar.

Em meados de 1859, começaram a surgir dificuldades entre Edouard Huet e Catharina Brodbeck, o que afetou o andamento do Instituto, como confirmou o documento.

---

76 ACERVO HISTÓRICO DO INES, 1858, s.p.

> No ano seguinte, correram bem os trabalhos do Instituto, esforçando-se Huet não só por instruir os seus discípulos, mas ainda por habilitar auxiliares para o ensino, assim dos meninos, como das meninas. Em meados do ano de 1859, começaram as perturbações não só da economia e da disciplina, mas até da moralidade do estabelecimento: desinteligências a princípio e depois graves conflitos, entre Huet e sua esposa, destruíram todo o respeito e força moral, sendo inevitável a anarquia. Procurando impedir a natural consequência do fechamento do Instituto, Huet tomou a resolução de mandar sua esposa para a Europa, ficando em seu lugar uma senhora, com aprovação da comissão, para guardar e dirigir as alunas. A retirada da mulher de Huet não produziu o milagre de restabelecer a ordem e a moralidade no estabelecimento, cujos empregados e alunos tinham sido testemunhas por largo tempo de factos desmoralizadores.[77]

Edouard Huet mandou sua esposa retornar para a Europa, o que se confirma pela lista de passageiros, a qual constavam os nomes de Catharina e um dos filhos, que embarcaram no porto do Rio de Janeiro em direção à Havre, na França, no dia 15 de maio de 1860[78]. Em 1861, por problemas pessoais, Huet reconheceu que não podia continuar na direção do Instituto, mas solicitou uma indenização e uma pensão anual como reconhecimento por ter sido o fundador da primeira escola para surdos(as) no Brasil.

> Considerando-se que o respectivo diretor tem direito à propriedade do estabelecimento, manifestando o desejo de retirar-se para a Europa por estar o Instituto fundado de modo que já não era necessária sua presença, declarou à comissão inspectora que não duvidava, antes preferia deixá-lo ao governo, uma vez que este se obrigasse a dar-lhe a pensão anual de 2:000$000 de réis, como sobrevivência para sua mulher e para seus filhos. (BRASIL, 1860, p. 33-34).

A comissão aprovou o contrato em 10 de abril de 1861, confirmando que seria feito o pagamento a Huet, porém móveis e outros objetos permaneceriam como propriedades do governo. Segundo Rocha (2009, p. 39), "após a saída de Huet, a instituição viveu um período de crise que quase culminou em seu fechamento".

---

[77] BIBLIOTECA NACIONAL, 1898, p. 4-5.
[78] BIBLIOTECA NACIONAL, 16 de maio de 1860, p. 3.

A comissão indicou o Frei João do Carmo para assumir como diretor interino. Posteriormente, Ernesto do Prado Seixas[79] assumiria interinamente até a chegada de um professor, cuja contratação já tinha sido autorizada pela comissão e que estava se especializando no Instituto dos Surdos em Paris. Tratava-se do estudante brasileiro Manoel de Magalhães Couto, que fora à capital da França justamente para se dedicar aos estudos necessários ao desempenho das funções que assumiria no Instituto.

3.2.2 Frei João do Monte do Carmo e Ernesto do Prado Seixas (1862-1863)

https://youtu.be/1-6j7peZR8Q

Após a saída de Huet, a comissão confiou a direção ao Frei João do Carmo, que assumiu no dia 28 de dezembro de 1861. Quando chegou no Instituto, havia um total de 15 estudantes surdos(as), todos(as) sustentados(as) pelos governos imperial e provincial. Apenas dois/duas eram sustentados(as) por suas famílias.

No relatório de 1861 consta que a administração se encontrava em condições regulares em todos os ramos e que os estudos continuavam em ordem. Entretanto, o diretor solicitava mais recursos, para melhorias como a contratação de um capelão para celebrar missas no oratório da casa e a aquisição de paramentos e outros itens importantes. O edifício, então, recebeu pequenos reparos e foram renovados os móveis, utensílios e roupas.

Além disso, a comissão solicitou recursos para suprir a necessidade de um inspetor de estudantes, a carência de materiais necessários, o aumento

---

[79] Natural de Porto Alegre, Rio Grande do Sul, nasceu no dia 4 de fevereiro de 1834, filho de Paulino Gomes de Seixas e Francisca Carolina do Prado. Casado com Alcida Brandelina da Costa, que foi professora do Instituto dos Surdos-Mudos em 1863. O casal teve seis filhos. Faleceu em 29 de janeiro de 1906, aos 71 anos de idade. Foi enterrado no Cemitério São Francisco Xavier, no Rio de Janeiro.

do número de estudantes, o pagamento de honorários para o diretor, que recebia apenas pela função de direção, mas exercia também as funções de capelão, porque era difícil achar quem o substituísse.

Na carta registrada em agosto de 1862, constou a reclamação do Frei João sobre os professores, principalmente os irmãos Manoel e Maria La Peña, e alguns/algumas estudantes. Segundo ele, um docente e um estudante riam e caçoavam da língua de sinais na frente do diretor. Este, então, disse que se sentiu incomodado pela invasão da privacidade e pelo desrespeito por parte de estudantes e professores. No mesmo documento, constou o nome do estudante surdo Francisco Pereira de Carvalho[80], indicado pelo Frei João como o principal cúmplice dos professores La Peña. Assim, a comissão acabou exonerando os dois irmãos La Peña e nomeou Alfredo Ozorio como professor, V. Ormund como inspetor e sua mulher como inspetora das meninas — todos eram portugueses.

Note-se que não havia professora para as meninas, pois havia apenas uma menina matriculada na época. Então, ela foi estudar na mesma sala de aula dos meninos.

> Já não posso tolerar mais o orgulho destes 2 professores que entraram no Instituto por intervenção da Exª Insp.ª D. Leonarda, quando eu chamado imediatamente por V. Exª. Além da invasão, que sofri no Domingo 21 do corrente, nos meus direitos de Diretor, levando em sua companhia para fora do Instituto o surdo-mudo Francisco, que ele considera seu capanga, ontem depois da reza apenas me beijavam (por ter eu mesmo pegado as mãos); os surdos-mudos que olhavam para o professor pedindo venha: e agora de manhã um deles por meio de um sinal mímico me chamou burro. Por tanto rogo que mande que ele me entregue os documentos das minhas contas respectivas ao mês de agosto para os entregar a V. Exª com os do mês de setembro que tenho em meu poder. Assim dando as minhas contas espero que aceite a minha demissão na certeza de que eu irei tranquilizar onde me convier.[81]

Por essa razão, o Frei João do Monte do Carmo pediu demissão. O Marquês de Olinda pediu, então, ao diretor do Instituto dos Cegos, Claudio

---

[80] É irmão mais velho de Manoel Pereira de Carvalho e Maria Pereira de Carvalho, também estudantes surdos(as) do Instituto. Todos eram naturais de Barra Mansa, Rio de Janeiro, pensionistas pela província do Rio de Janeiro e entraram na escola em 15 de agosto de 1858, sob a gestão de Huet. Francisco faleceu dentro da escola no dia 1º de julho de 1867 por tuberculose pulmonar.

[81] ARQUIVO NACIONAL, 23 de setembro de 1862, s.p.

Luiz da Costa, para assumir o cargo ou indicar alguém para fazê-lo até a chegada do novo diretor, que estava estudando na França. Com efeito, a Diretoria de Fazenda enviou o ofício que empossou Ernesto do Prado Seixas como diretor interino a partir do dia 27 de novembro de 1862.

FIGURA 8 – OFÍCIO COMUNICANDO A SUBSTITUIÇÃO DO FREI JOÃO POR ERNESTO SEIXAS

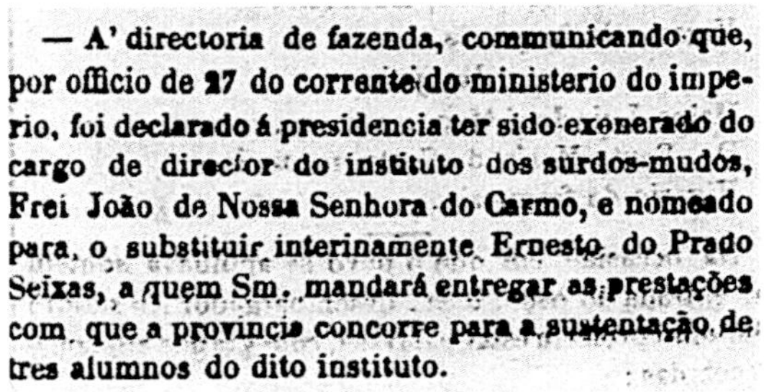

> — A' directoria de fazenda, communicando que, por officio de 27 do corrente do ministerio do imperio, foi declarado á presidencia ter sido exonerado do cargo de director do instituto dos surdos-mudos, Frei João de Nossa Senhora do Carmo, e nomeado para o substituir interinamente Ernesto do Prado Seixas, a quem Sm. mandará entregar as prestações com que a provincia concorre para a sustentação de tres alumnos do dito instituto.

Fonte: Correio Mercantil e Instructivo, Político, Universal[82]

O relatório referente ao ano de 1862, escrito por Ernesto Seixas, aponta como foi difícil a experiência pessoal do recente diretor interino. Nela, ele destacou que não era fácil encontrar os professores e mestres com habilitações especiais ao atendimento dos(as) surdos(as) e relatou vários problemas, como a falta de roupas e calçados, principalmente roupas de cama, e materiais escolares.

Uma carta escrita pelo professor francês surdo Joachim Ligot[83], do Institution des Sourds-Muets à Orléans, na França, revelava que ele queria oferecer seus serviços para o Instituto no Brasil. O diretor interino Ernesto, porém, respondeu que não havia vaga disponível para professor(a) surdo(a). Dois meses depois, em abril de 1863, o professor Francisco Maria Pereira Osório foi demitido pelo diretor e substituído por Guilherme Schulze, professor de música no Instituto dos Cegos. Segundo o diretor, ele estudou o sistema de ensino de surdos(as) na escola alemã de Frankfurt por quatro anos, trabalhou por dois anos, foi aprovado e recebeu título honorário por suas habilitações.

---

[82] BIBLIOTECA NACIONAL, 5 de janeiro de 1863, p. 2.

[83] Os historiadores surdos Yann e Angéline Cantin afirmam que Joachim Ligot foi um dos surdos mais importantes da França à época, sendo um dos militantes defensores da língua de sinais. Nasceu em 10 de agosto de 1841, na pequena cidade de Piré-sur-Seiche, na França, e era o oitavo de dez filhos de pais agricultores. Ficou surdo aos seis anos em consequência de febre tifoide. Em 1849, estudou no Instituto de Saint-Jacques, depois Instituto dos Surdos de Paris, onde conheceu Ferdinand Berthier. Foi professor do Instituto de Surdos em Rouen (1872-1886). Ligot se indignava com as decisões decorrentes do Congresso de Milão. Faleceu em 6 de julho de 1899, em Vitré, França. (CANTIN; CANTIN, 2017).

Manoel de Magalhães Couto e sua família desembarcaram no Rio de Janeiro no dia 19 de julho de 1863, vindos da cidade francesa de Bordeaux[84], para cumprir o contrato celebrado entre a Comissão Inspetora e o professor recém-formado. Segundo tal contrato, o jovem estudante brasileiro foi a Paris para conhecer o método de ensino com base na língua de sinais. Voltando ao Rio de Janeiro, estaria obrigado a prestar serviços como diretor e professor por um período de cinco anos na mesma instituição que o enviara.

3.2.3 Manoel de Magalhães Couto (1863-1868)

https://youtu.be/GuYRYadtKKs

FIGURA 9 – MANOEL DE MAGALHÃES COUTO

Fonte: O Mequetrefe[85]

---

84 BIBLIOTECA NACIONAL, 20 de julho de 1863, p. 3.
85 BIBLIOTECA NACIONAL, 1876, edição n. 83, p. 7.

Manoel de Magalhães Couto assumiu o cargo de diretor no Ines em 1º de agosto de 1863. Já os relatórios do primeiro mês da gestão revelaram os problemas encontrados por ele: irregularidade nos serviços, falta de empregados (escravos), inadimplência das pensões devidas pelo governo, rouparia, mau estado de materiais e utensílios, falta de recursos para limpeza e de roupas para os(as) estudantes. Para solucionar esses problemas, o diretor solicitava ao governo imperial o aumento dos recursos necessários para melhorar a estrutura do Instituto.

No relatório do diretor sobre o ensino dos(as) estudantes surdos(as), registrado em 3 de setembro de 1863, Manoel de Magalhães Couto era mencionado como diretor, administrador geral do estabelecimento, professor das disciplinas de Língua, Linguagem e Articulação e Leitura de Lábios para ambos os sexos. Constava também o nome de sua mulher, Francelina Garcez Nunes[86], como diretora e responsável por toda a administração e economia doméstica. Como professora das meninas surdas, ensinava costura e tarefas domésticas e dava aulas de desenho para alguns meninos.

A Comissão Inspetora elaborou o primeiro regulamento interno do Ines em 1863, em virtude de uma série de mudanças institucionais, que passaram a organizar melhor as atribuições de cada cargo, os serviços administrativo, de rouparia, enfermaria, higiene e programa de ensino, a admissão de estudantes, as condições e materiais de ensino, a separação dos sexos, a classificação, os exames, prêmios e férias, além do regimento disciplinar.

Sobre a entrada de estudantes, o Instituto não admitia estudantes com menos de 7 ou mais de 18 anos, salvo em atenção a motivos justificados e se houvesse autorização por escrito da Comissão Inspetora. Não aceitava estudantes afetados por moléstia contagiosa ou crônica e sem serem vacinados.

O curso era dividido em dois períodos: o primeiro, que compreendia os quatro primeiros anos, constituía o curso elementar; o segundo, que compreendia os últimos anos, constituía o curso superior e complementar. O Quadro 7 apresenta as disciplinas conforme o regulamento interno de 1863.

---

[86] Nasceu em Nossa Senhora de Desterro (atual Florianópolis), Santa Catarina, no dia 18 de julho de 1840, foi batizado em 30 de julho de 1840. Filha de Thomas José Dias e Maria Garcez Nunes, falecida em 1877, no Rio de Janeiro. Francelina foi com o marido estudar em Paris, na França. Quando voltaram ao Brasil, foi diretora e professora de meninas surdas a partir de 1863. Por causa dos conflitos com estudantes surdos(as), foi demitida em 1868. Algum tempo depois, Francelina dirigiu o Collegio de Nossa Senhora dos Mercês, do qual também foi professora entre 1876 e 1880. Acredita-se que ela tenha falecido pouco depois de 1880, pois os registros não mencionam mais o nome dela.

QUADRO 7 – PROGRAMA DE ESTUDOS NA GESTÃO DE MAGALHÃES COUTO

1º período	2º período
Estudo prático da Língua Portuguesa usual	Língua Nacional
Numeração e rudimentos de Aritmética	Gramática prática e teórica
História e Geografia do Brasil	Catecismo ou conhecimento dos deveres religiosos e sociais
Articulação e leitura dos lábios	
Caligrafia	Aritmética teórica e prática
Desenho	História e Geografia do Brasil
Trabalhos de agulhas para as alunas e manuais para os do sexo masculino	História Moderna e Antiga
	História Sagrada
	Elementos de Álgebra e Geometria
	Noções de Retórica e Filosofia
	Articulação e leitura dos lábios
	Desenho
	Caligrafia
	Contabilidade para aqueles que tiverem de seguir o comércio e tiverem aptidão
	Trabalhos de lã e bordado para as alunas e lições práticas de horticultura ou trabalhos manuais para os do sexo masculino

Fonte: O autor (2022), com base em documentos do Arquivo Nacional

No documento registrado em 25 de março de 1864, percebe-se que houve um aumento da procura de estudantes surdos(as), por conta da estrutura do Instituto e do número de pensões oferecidas pelo governo. O diretor Manoel de Magalhães Couto afirmou que o número de estudantes matriculados(as) no Instituto estava no limite. Por isso, afirmou a importância da criação de Institutos para instrução pública de surdos(as) em outras províncias do Brasil. Comentou que, somente na França, havia 43 estabelecimentos específicos para surdos(as) e nos Estados Unidos, entre seis e oito. Além disso, o diretor lamentou que os presidentes das províncias, exceto Rio de Janeiro, não demonstrassem interesse em proporcionar educação aos(às) surdos(as) que não tivessem condições de atravessar as grandes distâncias que os separavam da Corte.

3.3 OS(AS) PRIMEIROS(AS) ESTUDANTES SURDOS(AS) DO INSTITUTO NACIONAL DE EDUCAÇÃO DE SURDOS (1856-1868)

https://youtu.be/Fz-9OvNmqVU

Nesta seção, apresentamos dados que caracterizam o perfil social e educacional dos(as) estudantes surdos(as) que frequentavam o atual Ines, entre os anos de 1856 e 1868. Esses dados foram obtidos por meio da análise de documentos do acervo histórico do Ines, do Arquivo Nacional, da Biblioteca Nacional e do The Center for Research Libraries (CRL). Entre os aspectos elencados, estão o número de estudantes matriculados, local de nascimento, causa indicada da surdez, tipo de pensionista, data de ingresso (admissão), tempo de permanência, data de saída do Instituto e o motivo tal. Identificamos 43 estudantes surdos(as) no período pesquisado. No Gráfico 1, apresentamos os números de estudantes matriculados por ano.

GRÁFICO 1 – NÚMERO DE ESTUDANTES SURDOS(AS) MATRICULADOS(AS) NO INES ENTRE 1858 E 1868

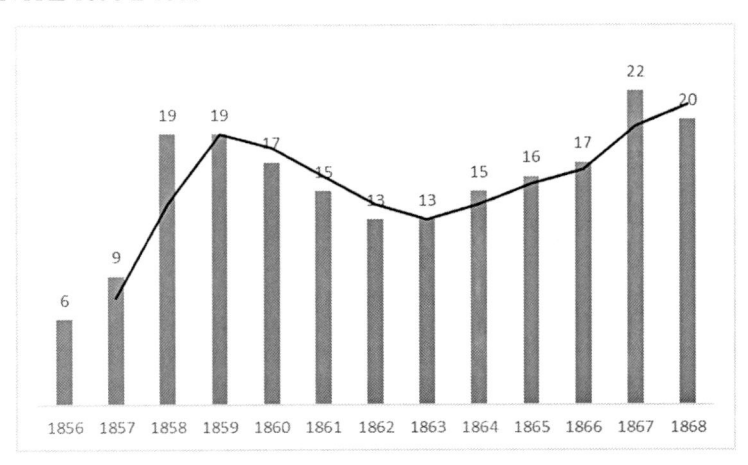

Fonte: O autor (2022), com base em documentos analisados no período de 1856 a 1868

O Gráfico 1 apresenta uma curva crescente, em que se observa a presença de apenas seis estudantes surdos em 1856, por ocasião da abertura do Instituto. Em 1868, esse número chegou a 20. Um dos motivos desse aumento foi a Lei Imperial nº 939, de 26 de setembro em 1857, que aprovou o número de dez pensões totais (subvenções pagas pelo governo imperial) para atender aos(às) estudantes surdos(as) pobres[87]. Assim, entre 1857 e 1858, houve um aumento de 19 matrículas. No entanto, na sequência, houve uma diminuição para 13 estudantes matriculados, por conta dos conflitos ocorridos na gestão de Edouard Huet (1856-1861), o que levou, inclusive, à sua demissão.

Já na gestão de Manoel de Magalhães Couto (1863-1868), o número de matrículas subiu de 12 para 22 em 1867. Dois fatores influenciaram esse aumento no número de matrículas: (i) o número de pensões oferecidas pelo governo imperial; e (ii) as melhorias realizadas após os conflitos e revoltas ocorridas no Instituto, que decorriam das péssimas condições de vida e de direitos dos(as) estudantes surdos(as), que inclusive poderiam levar à morte desses estudantes.

Quanto à origem geográfica, a maioria dos(as) estudantes surdos(as) era da região Sudeste: de 32 estudantes surdos(as) matriculados entre os anos de 1856 e 1868, 27 eram oriundos(as) do Rio de Janeiro, ou seja, quase 63% estudantes tinham origem no próprio estado do Ines. A segunda província com maior número de matrículas era São Paulo, com três estudantes, seguida de Minas Gerais e Paraná com dois/duas estudantes, conforme o Gráfico 2.

GRÁFICO 2 – ORIGEM DOS(AS) ESTUDANTES SURDOS(AS) DO INES POR ESTADO NO PERÍODO DE 1856 A 1868

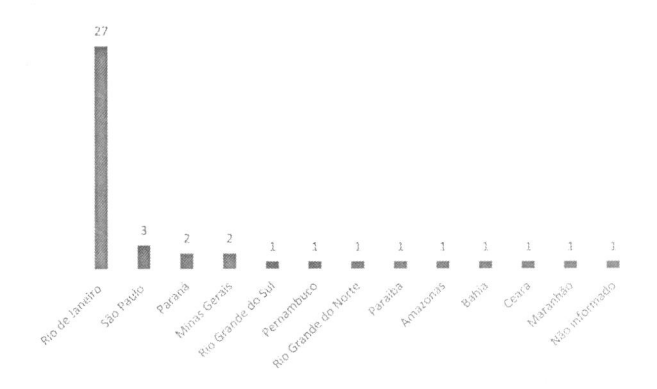

Fonte: O autor (2022), com base em documentos analisados no período de 1856 a 1868

---

[87] Termo utilizado à época para indicar estudantes em condição de vulnerabilidade econômica.

67

Já a região Nordeste somou seis estudantes, enquanto a Sul contava com três estudantes. Houve apenas um estudante da região Norte. Não há registro de nenhum(a) estudante surdo(a) desse período proveniente da região Centro-Oeste.

Rocha (2009) nos apresenta o censo de 1872. Na época, a população brasileira era de 10.112.061 habitantes. Foram registrados 1.392 surdos(as) distribuídos(as) em várias províncias do país. Entre menores de 14 anos, havia 282 surdos do sexo masculino e 186 do sexo feminino. A maioria estava fora da vida escolar, pois, no Ines, que era a única instituição de educação de surdos(as) no Brasil, foram registrados(as) apenas 43 estudantes surdos(as) regularmente matriculados(as) naquele ano.

> O Instituto, que recebia também surdos de outras províncias, só tinha capacidade para atender a no máximo vinte alunos. [...] Em razão de ser a única instituição de educação de surdos em território brasileiro e mesmo em países vizinhos, por muito tempo o Instituto configurou-se em uma instituição de referência para os assuntos de educação, profissionalização e socialização de surdos. No entanto, até a década de 1950, o movimento produzido por essa demanda de atendimento era fisicamente em direção ao Instituto. Somente nesta década é que a instituição vai inverter sua dinâmica de atendimento estimulando, através de cursos de formação de professores e outras ações que veremos adiante, a ampliação do atendimento ao escolar surdo em outras unidades da federação. Portanto, fora de sua circunscrição. (ROCHA, 2009, p. 41).

Muitos(as) surdos e surdas não tiveram a oportunidade de acessar a educação formal. Porém, esse não era um problema apenas dessa parcela da população, mas sim da população brasileira em geral. O censo de 1872 constatou que somente 2% da população era escolarizada e 78% era analfabeta, conforme a citação a seguir:

> A educação primária, fundamental ao povo, foi discutida na Assembleia Constituinte, mas de fato foi relegada ao esquecimento. Assim, em 1878 vamos ter: 15.561 escolas primárias, com 175 mil alunos, em 9 milhões de habitantes. Portanto, apenas 2% da população era escolarizada. Aliás, o recenseamento de 1870 acusara um índice de 78% de analfabetos no país, nos grupos de 15 anos e mais. Dessas 15.561 escolas, 211 estavam localizadas na cidade do Rio de Janeiro: 95 públicas e 116 particulares, com 12 mil alunos numa população de 400 mil habitantes, sendo 1870 mil escravos; logo, 5% da população livre era escolarizada. (HOLANDA; CAMPOS, 1974, p. 382).

Niskier (2011) aponta que, desde a época colonial, o Brasil enfrenta graves problemas educacionais, como falta de professores habilitados, baixa frequência, falta de interesse dos pais na educação de filhos, pobreza generalizada, distância entre vilas e capitais, entre outros.

> A deficiência do número de escolas, professores sem habilitação adequada para o exercício de suas funções, ordenados baixos; indiferença dos pais pela instrução dos filhos; escolas mal-instaladas e desprovidas, em geral, de material de ensino; baixa frequência dos alunos; muitos solicitados em casa ou no campo para ajudar os pais ou responsáveis, falta de fiscalização efetiva, através de inspetores qualificados; ausência de escolas normais para promover a formação de mestres; pobreza generalizada em muitas províncias; grandes distâncias, separando as vilas e as capitais, o que resultava na impossibilidade de criar novas escolas de primeiras letras. (NISKIER, 2011, p. 163).

O total de estudantes matriculados no período de 1856 a 1868 foi de 43, dos quais 30 eram do sexo masculino e 13 estudantes eram do sexo feminino. O Gráfico 3 apresenta os números de meninas e meninos por ano.

GRÁFICO 3 – NÚMERO DE ESTUDANTES SURDOS(AS) MATRICULADOS(AS) NO INES POR GÊNERO ENTRE 1856 E 1868

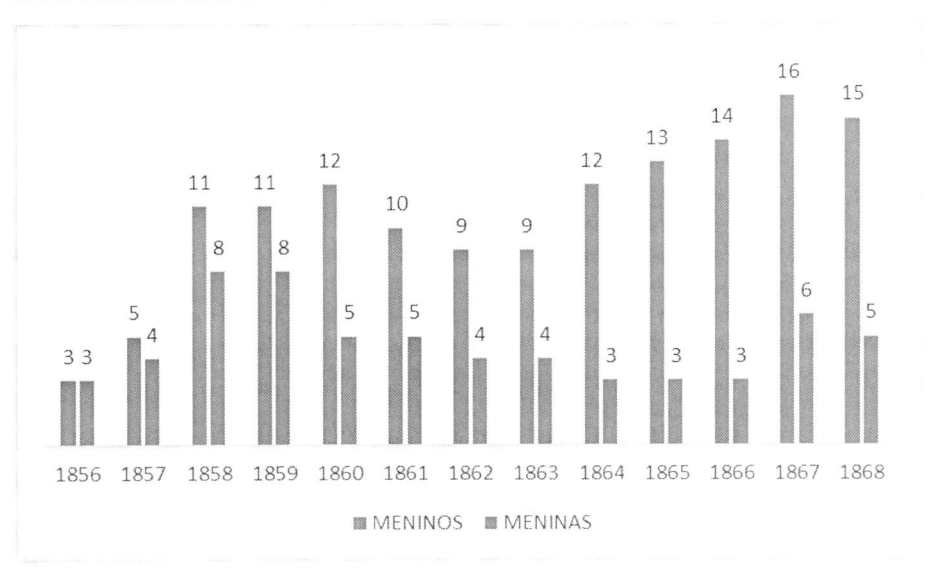

Fonte: O autor (2022), com base em documentos analisados no período de 1856 a 1868

Assim, percebe-se que, na gestão de Edouard Huet (1856-1861), o número de meninos e meninas era bastante equilibrado. Especificamente no período de 1858 a 1859, houve um pico de oito meninas, encarregadas à Catharina, esposa de Huet. Nos outros anos, a quantidade de meninas não ultrapassou seis, que foi o total no ano de 1867.

A presença de meninas surdas educadas no Ines é registrada até o fim de 1873, quando o diretor Tobias Leite apresentou uma nova proposta orçamentária, tendo em vista o aumento no número de matrículas de surdos(as) que atingiram o limite da época (30 estudantes).

> Quanto às meninas, defendeu que fossem instruídas em casa. Essa característica de escola-instituição mista era incomum no século XIX. Portanto, as alunas deveriam receber instrução em casa, aprendendo atividades da rotina doméstica como cozinhar e bordar. Aquelas que já se encontravam no Instituto iriam permanecer até o primeiro mênstruo, quando então seriam enviadas de volta para casa ou para um abrigo. (ROCHA, 2018, p. 49-50).

Por esse motivo, o diretor sugeriu que o governo imperial criasse outra instituição para meninas surdas, proposta essa que chegou a ser aprovada pelo governo imperial, mas não foi realizada. A consequência foi o desligamento de meninas surdas da educação formal, o que marcou a história educacional dos(as) surdos(as) no Brasil. A partir de 1874, o Ines não recebeu mais meninas.

Um documento de 11 de fevereiro de 1874 revela a existência de dois irmãos provenientes de Santa Catarina, um menino de seis anos e uma menina de sete anos. De acordo com o registro, os pais dessas crianças surdas moravam na colônia Dona Francisca, atual cidade de Joinville, e viajaram ao Rio de Janeiro a fim de conhecer a escola de surdos(as) que lá existia, pois tinham recebido essa informação do diretor da colônia onde residiam. Quando chegaram no Instituto, o diretor Tobias Leite informou que não aceitaria a menina, conforme carta escrita: "de virem da Província de S. Catarina dois surdos-mudos de idade menor do que a que exige o Regulamento, sendo um do sexo feminino. Para que não se repitam fatos semelhantes, que, além do despendido inútil dos dinheiros públicos"[88]. Segundo Rocha (2018), as meninas surdas só voltaram a ser admitidas por volta da década de 1930, em regime de externato.

---

[88] ARQUIVO NACIONAL, 11 de fevereiro de 1874, s.p.

Quanto à origem familiar, os dados demonstram que 36 dos(as) 43 estudantes surdos(as) tinham registros de filiação com pais vivos, embora houvesse estudantes que tivessem apenas a mãe. Muitos estudantes eram registrados apenas com o nome do pai, o que era visto como natural na época, revelando uma cultura patriarcal. Também os registros mostram estudantes que tiveram mãe ou pai falecidos antes da admissão no Instituto. Ao todo, foram sete estudantes surdos(as) órfãos(ãs). O Quadro 8 apresenta a lista de estudantes órfãos(ãs) por data de entrada no Ines.

QUADRO 8 – ESTUDANTES ÓRFÃOS(ÃS) DO INES ENTRE 1856 E 1868

Estudantes órfãos(ãs)	Data de admissão
Carolina Vieira	1º de março de 1856
Francisco José da Silva Moreira	1º de setembro de 1858
João Flávio de Azevedo	5 de abril de 1859
Antônio Marcellino Tibau	Setembro de 1859
Tobias Marcelino de Lemos	14 de junho de 1861
Torquato do Amazonas	18 de junho de 1862
Joaquim de Maranhão	10 de dezembro de 1867

Fonte: O autor (2022), com base em documentos analisados no período de 1856 a 1868

Percebe-se que dois alunos órfãos adotam o sobrenome do seu estado de origem. Um deles é Torquato do Amazonas, que saiu de Tabatinga/AM e chegou ao Rio de Janeiro no dia 10 de outubro de 1862, após quatro meses de viagem. Foi-lhe atribuído o sobrenome Amazonas pelo diretor Frei João do Carmo, em virtude de seu local de origem, pois o estudante era órfão e não soube informar o nome dos pais. Joaquim do Maranhão[89] é outro estudante que também recebeu o sobrenome de seu estado de origem.

Há, ainda, um grupo de quatro estudantes surdos(as)[90] sobre os quais não se sabe se tinham pais ou não, pois não há documentos suficientes.

---

[89] Era órfão da Santa Casa de Misericórdia da cidade de São Luiz, Maranhão, e não sabia o nome dos pais, por isso recebeu o sobrenome Maranhão. Chegou ao Rio de Janeiro no dia 10 de dezembro de 1867, quando tinha 15 anos de idade. O secretário do governo imperial o autorizou a trabalhar como sapateiro no Instituto, onde fazia calçados para colegas surdos(as) e recebia gratificação. No final de 1873, deixou o Instituto por não ter completado sua instrução literária, por causa de sua idade, mas havia aprendido o ofício de sapateiro, em que se achava já empregado na Corte.

[90] Carolina Bastos, João Casimiro Peixoto, Marcilio Alves da Silva e Francisco José de Sampaio.

Oito dos(as) 43 estudantes tinham parentes surdos(as), mais precisamente irmãos(ãs) surdos(as) que estudavam na mesma escola, conforme o Quadro 9.

QUADRO 9 – IRMÃOS(ÃS) SURDOS(AS) QUE ESTUDAVAM NO INES ENTRE 1856 E 1868

Estudantes surdos(as)	Cidade de origem	Nomes dos pais
Francisco Pereira de Carvalho Manoel Pereira de Carvalho Maria Pereira de Carvalho	Rio Claro, Barra Mansa e Rio de Janeiro	Francisco Pereira de Carvalho
Aurélia Furtado de Mendonça Leopoldo Furtado de Mendonça (entrou na escola em 1869) José Furtado de Mendonça (entrou em 1874)	Rio de Janeiro (RJ)	Manoel Benício Furtado de Mendonça e Emília de Jesus e Mello
Leônidas Bittencourt Coelho Elidia Rosa Bittencourt	São Carlos do Pinhal (SP)	Francisco Jeronymo de Bittencourt Coelho
João Pereira de Malheiros José Pereira de Malheiros	Paranaguá (PR)	José Pereira de Malheiros e Josepha Carneiro dos Santos

Fonte: O autor (2022), com base em documentos do período de 1856 a 1868

Francisco, Manoel e Maria Pereira de Carvalho[91] são os primeiros irmãos admitidos juntos em agosto de 1858 na gestão de Huet, porém esses três estão entre os(as) poucos(as) estudantes que viram quatro diretores diferentes no período de nove anos. Apesar de serem estudantes, há muito mais documentos descrevendo eventos relacionados a eles(as) do que a outros(as) estudantes, como pode ver visto no capítulo 4.

---

[91] Ingressou no Instituto aos 9 anos de idade em 1858. Foi repetidora das classes de meninas de 1864 a 1868. Entre 1864 e 1865, trabalhou com a classe do primeiro ano. De 1866 a 1868, foi designada como repetidora para duas classes do primeiro e segundo anos. Tobias Leite manifestou interesse em designar Maria como repetidora no Instituto e na rouparia, mas ela foi substituída pela ouvinte Martha Ormida, pois foi forçada a se retirar do Instituto e voltar para casa, por causa da revolta de seu irmão.

Os irmãos Furtado de Mendonça, nascidos na cidade do Rio Janeiro, entraram em datas distintas na escola, diferentemente do que se observou para a maioria dos(as) irmãos(ãs) da lista. Aurélia Furtado de Mendonça, a mais velha dos(as) irmãos(ãs), entrou em setembro de 1858, quando tinha 8 anos de idade. Saiu por volta de outubro de 1862, como foi observado na resposta dada pelo diretor interino Ernesto Seixas, segundo a qual, ela já havia se ausentado do Instituto havia muito tempo. Leopoldo Furtado de Mendonça chegou ao Instituto em fevereiro de 1869, com 9 anos de idade e sete anos após a entrada da irmã mais velha. Concluiu sua formação até o final de 1876. Durante sua estadia na escola, seu irmão mais novo, José Furtado de Mendonça, ingressou em fevereiro de 1874, aos 11 anos de idade.

Leônidas Bittencourt Coelho, de 14 anos, e Elidia Rosa Bittencourt, de 13 anos, são irmãos de São Carlos do Pinhal, na província de São Paulo. Foram matriculados em datas diferentes no mesmo ano de 1867. Leônidas entrou no mês de julho e Elidia chegou em novembro. Ambos não concluíram sua educação e foram retirados pela família, mas em datas diferentes. Elidia foi passar as férias de dezembro de 1870 em São Paulo com a família e não voltou mais à escola. Já Leônidas continuou até dezembro de 1873, mas não concluiu a educação, pois foi retirado por seus pais para trabalhar na lavoura.

Os surdos congênitos João Pereira de Malheiros, de 12 anos, e José Pereira de Malheiros, de 9 anos, eram naturais de Paranaguá, Paraná, e ingressaram na escola em julho de 1868, como pensionistas do estado. Tobias Leite descreveu os dois irmãos paranaenses como muito inteligentes. O então diretor relatou que João, em quatro meses no Instituto, atingiu nível de instrução de outros estudantes que já estavam havia dois ou três anos. Por isso, João recebeu várias medalhas de ouro durante cinco anos, com a presença do Imperador e obteve ótimos resultados no exame público. José Pereira de Malheiros faleceu, vítima de peritonite, com apenas 13 anos; a doença o matou em 48 horas em julho de 1873. Seis meses depois, o irmão mais velho, João Pereira de Malheiros, concluiu sua educação.

Quanto à causa da surdez dos(as) estudantes, o único diretor que anotou esse aspecto foi Tobias Leite. Essas informações aparecem registradas nos relatórios do diretor a partir de 1868. A maioria dos(as) estudantes surdos(as) (27) não tinha indicação sobre essa informação. Do total, 16 tiveram registrada a causa da surdez.

O diretor Tobias Leite organizou as listas com dois tipos de causas da surdez: acidental e congênita. Para ele, o termo "surdez acidental" significava que o(a) estudante perdeu a audição durante a infância ou depois do nascimento, isto é, equivale ao que atualmente se chama de "surdez adquirida". Já o termo "surdez congênita" se referia às pessoas que nasceram surdas. Os relatórios do diretor informaram que dez estudantes tinham surdez congênita e seis perderam a audição depois do nascimento. Entre esses últimos, os motivos que levaram à perda da audição foram: três quedas; dois casos de bexiga e dentição e um por convulsão.

Quanto aos tipos de proventos das pensões de estudantes surdos(as), nos documentos analisados, os(as) 43 estudantes surdos(as) se distribuem em dois tipos de pensões: pensionistas[92] e contribuintes[93]. A maioria dos estudantes surdos(as) de 1856 a 1868, ou seja, 37, era pensionista. Os demais (nove) eram contribuintes. Entre os pensionistas, havia vários tipos de pensões, que diferentes instituições ofereciam aos(às) estudantes: nacional, provincial, da igreja e do Imperador, como mostra o Gráfico 4.

GRÁFICO 4 – TIPOS DE PENSIONISTAS MATRICULADOS(AS) NO INES ENTRE 1856 E 1868[94]

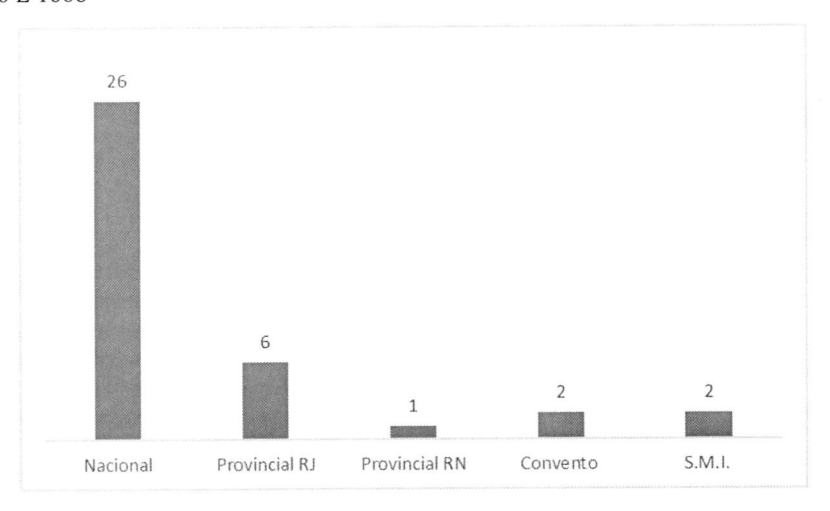

Fonte: O autor (2022), com base em documentos do período de 1856 a 1868

---

[92] O termo "pensionistas" refere-se aos(às) estudantes bancados(as) pelo governo provincial ou nacional.

[93] O termo "contribuinte" refere-se aos(às) estudantes bancados(as) por suas próprias famílias.

[94] Há algum nome em duplicidade, por conta do registro de transferência do tipo de pensionista, pelo diretor e pelos pais, que atingiu três estudantes. Um deles, João Flávio de Azevedo, começou como pensionista nacional, depois transferiu-se para pensionista da província do Rio de Janeiro, a fim de liberar a vaga para outro estudante. Pelo mesmo motivo, Manoel Franklin Moreira de Almeida se converteu em pensionista do Rio Grande do Norte. O caso de Diogo José da Rocha foi diferente, pois o pai tinha suplicado pela dificuldade de pagar os estudos do filho e pediu a pensão "gratuita", o que foi aprovado pelo governo.

Nota-se no Gráfico 4 que dois/duas estudantes surdos(as) eram sustentados(as) pela família do Imperador Dom Pedro II e outros(as) dois/duas estudantes eram sustentados(as) pelo Convento, por meio de doações de igrejas católicas. Essas instituições costumavam fazer caridade na época da criação do Ines. Segundo Conceição (2012, p. 23), "os estudantes pobres, que não tinham recursos para pagar estalagem, acabaram sendo amparados pela caridade de nobres ou altos membros da Igreja, em estabelecimentos criados com a finalidade de alojá-los gratuitamente".

O Quadro 10 apresenta a evolução das pensões pagas pelo governo imperial/nacional por meio de diversos decretos aprovados e mostra o impacto dessas medidas no número de estudantes matriculados.

QUADRO 10 – EVOLUÇÃO DAS PENSÕES PARA ESTUDANTES DO INES PELO GOVERNO IMPERIAL

Período	Quantidade de pensões
1857	10 estudantes
1863	12 estudantes
1867	20 estudantes
1874	30 estudantes

Fonte: O autor (2022), com base em documentos analisados no período de 1856 a 1875

Pela Lei Imperial nº 939, de 26 de setembro de 1857, o critério principal para que os(as) estudantes recebessem a pensão oferecida pelo governo imperial/nacional era que a família declarasse ser pobre ou não ter condições para pagar os estudos dos(as) filhos(as) (BRASIL, 1857). Esse tipo de pensão atendeu a 26 estudantes surdos(as) até 1868. Leopoldina Maria de Oliveira e Silva foi a primeira aluna surda contemplada por esse tipo de pensão.

Porém, por meio de registros sobre a profissão dos pais de alguns surdos(as), percebe-se que muitos deles ocupavam posições elevadas na estrutura social e no mercado de trabalho. Eram funcionários públicos, militares, entre outros profissionais. Os privilégios de classe na educação foram estudados por Conceição (2019). O autor afirma que o interesse da elite e das classes mais altas na educação dos filhos(as) nos internatos era não apenas encobrir o custo, mas também inserir seus(uas) filhos(as) em uma "relação da eficácia de reprodução ou da importância do capital cultural institucionalizado", bem como "transmitido nesses estabelecimentos em relação ao capital econômico das famílias" (CONCEIÇÃO, 2019, p. 27).

Quanto ao ingresso e à saída de estudantes surdos(as) no Ines entre os anos de 1856 e 1868, há divergências entre os relatórios dos diretores e a listagem oficial de estudantes matriculados, conforme consta no Capítulo 7 desta obra. Observou-se que os relatórios dos diretores informam o número de estudantes, considerando o momento em que se organizaram os relatórios e não necessariamente os dados referentes ao ano letivo em sua totalidade, conforme constava nos documentos do Instituto. De igual forma, estudantes que estudaram por um período curto, alguns dias, por exemplo, não foram registrados nos relatórios dos diretores. Por isso, foi necessário organizar uma cuidadosa listagem, conforme disposto no Gráfico 5, que apresenta o número de estudantes que ingressaram e saíram no período de 1856 a 1868.

GRÁFICO 5 – INGRESSO E SAÍDA DE ESTUDANTES SURDOS(AS) DO INES ENTRE 1856 E 1868

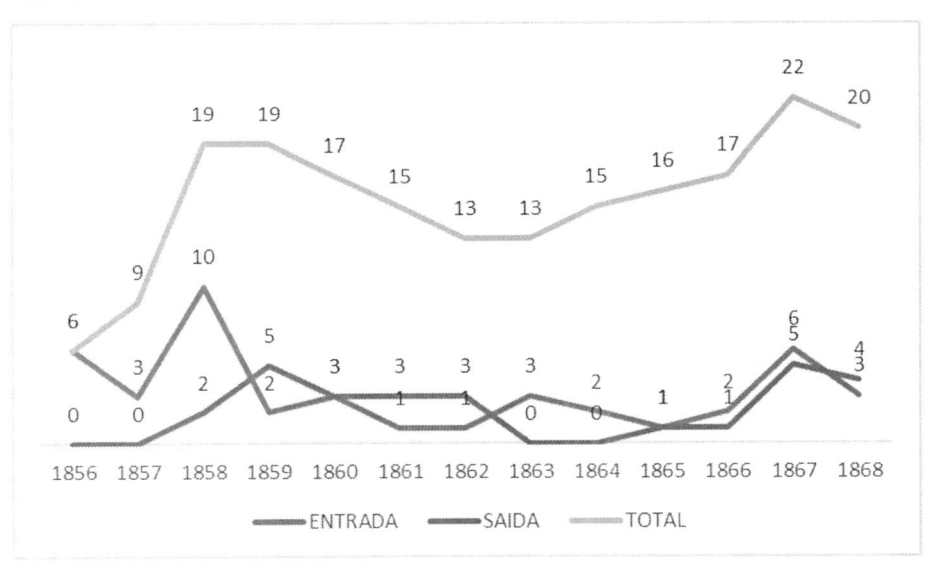

Fonte: O autor (2022)

O Gráfico 5 mostra que, no ano da abertura do estabelecimento, foram recebidos seis estudantes surdos(as). Por efeito da Lei nº 939, de 26 de setembro de 1857, foram instituídas dez pensões, oferecidas pelo governo aos estudantes surdos(as). Logo, entraram dez novos estudantes surdos(as) no ano seguinte. O ano de 1867 é o segundo com maior ingresso de novos estudantes surdos(as) no período, com seis estudantes.

Quanto à permanência dos estudantes surdos(as) no período estudado, o Gráfico 6 apresenta os números de estudantes surdos(as) que permaneceram no Ines.

GRÁFICO 6 – PERMANÊNCIA DE ESTUDANTES SURDOS(AS) NO INES ENTRE 1856 E 1868

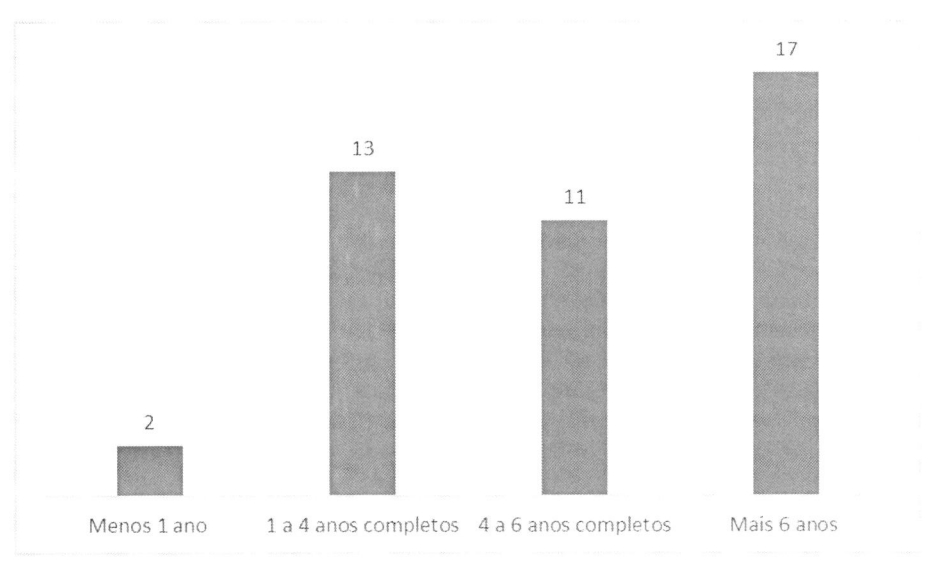

Fonte: O autor (2022), com base em documentos do período de 1856 a 1868

A maioria dos estudantes (17) permaneceu por mais de seis anos no Instituto, violando o regulamento, que previa a duração máxima de seis anos de estudos. Ademais, 13 estudantes estudaram entre um e quatro anos e 11 ficaram pelo período de quatro a seis anos. Apenas dois surdos ficaram menos de um ano. O Quadro 11 apresenta a lista dos dez estudantes surdos com mais tempo de permanência na escola.

QUADRO 11 – ESTUDANTES SURDOS(AS) COM MAIS TEMPO DE PERMANÊNCIA NO INES ENTRE 1856 E 1868

Estudantes surdos(as)	Tempo de permanência no Ines
Augusto do Nascimento Natal	12 anos, 5 meses e 17 dias
João Flávio de Azevedo	10 anos, 8 meses e 25 dias
Maria Pereira de Carvalho	10 anos, 2 meses e 15 dias
Diogo José da Rocha	10 anos
Manoel Pereira de Carvalho	9 anos, 10 meses e 15 dias
Camillo Soares de Almeida	9 anos, 1 mês e 17 dias
Francisco Pereira de Carvalho	8 anos, 10 meses e 23 dias
Francisco Lucio dos Santos	8 anos, 10 meses e 16 dias
Peregrino Nogueira da Luz	8 anos, 9 meses e 30 dias
Esperidião Gonçalves Fiuza	8 anos, 8 meses

Fonte: O autor (2022), com base em documentos do período de 1856 a 1868

Augusto do Nascimento Natal é o estudante surdo com mais tempo no Instituto, tendo permanecido 12 anos, cinco meses e 17 dias. Ele entrou na escola em julho de 1866 com apenas seis anos de idade, na gestão de Magalhães Couto, caracterizando-se também como o estudante mais novo, em comparação aos outros estudantes do mesmo período. Ele deixou o Instituto no final de dezembro de 1878 sem ter concluído sua educação, mesmo tendo ficado por mais de 12 anos, o dobro previsto no regulamento.

É interessante observar que, na listagem dos dez estudantes com maior tempo de permanência no Instituto, estão os três irmãos Pereira de Carvalho. Essa família foi a principal protagonista surda na revolta dos estudantes contra o diretor Manoel de Magalhães Couto, conforme descrevemos no Capítulo 4.

Percebe-se que, dos(as) dez estudantes mais longevos(as), todos(as) são pensionistas pelo governo imperial ou provincial. Apenas um estudante, Diogo José da Rocha[95], ingressou na escola como contribuinte, porém,

---

[95] Natural do Rio de Janeiro, filho de Manoel José da Rocha e Francisca Ludovina Bernandes da Rocha. Tinha 8 anos de idade quando foi admitido no Instituto como aluno contribuinte em 7 de janeiro de 1867. No final de 1867, foi transferido para a pensão oferecida pelo governo, o que a permitiu permanecer no Instituto até final de 1877, quando concluiu seus estudos.

posteriormente, foi convertido em estudante pensionista. Essa mudança foi solicitada por seu pai e, graças a isso, ele permaneceu no Instituto até dezembro de 1877, concluindo seus estudos quando tinha 18 anos de idade. A maioria dos(as) estudantes surdos(as) que constam no Quadro 11 concluíram sua educação.

O Gráfico 5 mostra que o ano de 1867 registrou o maior número de saídas de estudantes, por conta da morte de três estudantes em menos de um semestre. Já o Gráfico 7 mostra os diversos motivos que levavam à saída de estudantes.

GRÁFICO 7 – MOTIVOS PARA A SAÍDA DE ESTUDANTES SURDOS(AS) NO INES ENTRE 1856 E 1868

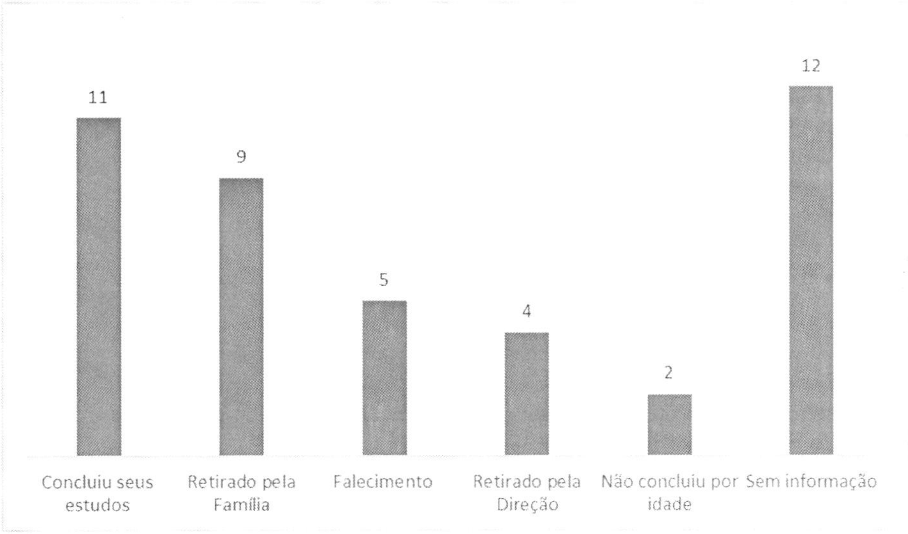

Fonte: O autor (2022), com base em documentos do período de 1856 a 1868

O Gráfico 7 mostra que 12 estudantes surdos(as) não informaram o motivo de saída do Instituto, ou seja, não foram encontradas informações nos documentos analisados. Do total, 11 concluíram os estudos e foram autorizados a sair pelos diretores, uma vez que obtiveram os progressos esperados e foram considerados aptos e liberados de volta para casa com sua educação concluída satisfatoriamente. Outros saíram do Instituto porque extrapolaram o limite de idade permitido no regulamento, embora os diretores acreditassem que sua formação tinha sido aceitável.

No mesmo gráfico vê-se que nove estudantes surdos(as) evadiram da escola e não conseguiram terminar seus estudos, tendo sido retirados por suas próprias famílias. A maioria dos documentos analisados não informou os motivos pelos quais seus familiares retiraram os estudantes do Instituto. Apenas três estudantes surdos(as) justificaram a atitude de suas famílias nos documentos encontrados.

Há um documento interessante referente à carta do Frei João ao Marquês de Olinda, consultando as famílias sobre os motivos da retirada de quatro estudantes após a gestão de Edouard Huet.

O diretor Frei João do Carmo consultou a família de Adelaide de Freitas Coutinho para saber o motivo de a filha ter faltado muitos dias. Depois de três meses, o pai de Adelaide retornou uma carta ao diretor, alegando que retirou sua filha do Instituto, pois não estava satisfeito com a educação ministrada no momento. Ele ainda afirmou que outros pais também não estavam felizes, reiterou sua percepção de que a saída de Huet piorara os resultados na educação e teceu elogios aos trabalhos desse último, conforme o trecho a seguir da referida carta:

> Confesso que pelo decorrer de tempo essa filha entregue ali aos cuidados de uma Diretora antes mais do que todas as educadas daquele estabelecimento que na consorte do Sr. Diretor Huet colheria os melhores resultados, a cada dia, o seguimento de uma eficaz e feitos, correspondiam e satisfazem meus desejos. Esse Senhor se retirar, ficará substituindo a Sr.ª D. Mª de la Peña que pouco tempo [...] lugar se conservem; minha dita filha [...] tanto, [...] a [...] ali sem que [...] todo o tempo o tempo [...] a centrada daquele Huet também, em tivesse mostrasse de quiser me, pois sabia que ele não era mal trato, deixou embora ao contrário, outros dissessem não terem tão feliz.[96]

É muito importante discutir o papel do(a) professor(a) surdo(a) como modelo ideal para estudantes surdos(as), não apenas no contexto do século XIX, mas também ao longo da história. Embora a literatura seja unânime sobre a importância desse profissional na educação de surdos(as), há um intenso debate, travado entre diversos pesquisadores surdos(as) e ouvintes aliados, sobre as razões que tornam relevante a presença do(a) professor(a) surdo(a) em escolas de surdos(as). Um desses pesquisadores é o surdo britânico Paddy Ladd que, em seus trabalhos, defende a importância da presença

---

[96] ARQUIVO NACIONAL, 15 de junho de 1862, s.p.

do(a) professor(a) surdo(a) na educação de surdos(as) por entender que o(a) professor(a) surdo(a) promove identificação entre pares e fortalece processos identitários dos(as) estudantes surdos(as).

Outra carta revelou que o pai de Amélia Petra de Almeida[97] informou que não podia permitir a presença de sua filha nos primeiros dias de aulas por causa de uma grave doença, que provocava febres intermitentes. Em outro caso, o diretor Manoel de Magalhães Couto informou que o pai de Peregrino Nogueira da Luz[98] pediu para retirar o filho do Instituto, por conta de circunstâncias familiares — mais precisamente, a doença e a subsequente morte de sua mulher. Entretanto, o pai mudou de ideia e permitiu ao filho Peregrino continuar seus estudos. Depois de sete anos, no final de 1873, o aluno foi retirado pelo pai para trabalhar na lavoura, conforme relatório do diretor Tobias Leite.

Há ainda estudantes surdos(as) que não concluíram sua educação porque atingiram a maioridade. Porém, observe-se a diferença entre os dois grupos. O primeiro constitui-se de estudantes concluintes por idade, cuja instrução, não obstante, foi considerada satisfatória e os progressos confirmados pela direção. O segundo constitui-se de estudantes que foram retirados pela direção por motivo de idade, tendo ultrapassado o período máximo previsto pelo regulamento, mas sem terem obtido resultados educacionais satisfatórios.

O Quadro 12 apresenta ainda a lista de cinco estudantes surdos(as) que morreram durante o período escolar.

QUADRO 12 – ESTUDANTES SURDOS(AS) DO INES QUE FALECERAM NO PERÍO-DO ESCOLAR ENTRE 1856 E 1868

Estudantes surdos(as)	Causa da morte	Data de falecimento
Marcílio Alves da Silva	Febre tifoide	20 de fevereiro de 1861
Francisco Pereira de Carvalho	Tuberculose pulmonar	9 de julho de 1867
Antônio Marcellino Tibau	Pneumonia e verme intestinal	31 de outubro de 1867

---

[97] Filha de Ricardo Soares de Almeida, empregado como chefe de seção da Tesouraria Provincial, e Francisca Amélia Odiaga Petra, moradores na cidade de Niterói. Foi matriculada no dia 1º de abril de 1858, na gestão de Huet. Saiu no final do 1861 por doença grave.

[98] Filho de Francisco Nogueira da Luz, nasceu na cidade do Rio Janeiro. Foi matriculado no dia 1º de março de 1865, aos 9 anos de idade. Foi retirado no final do 1873 pelo pai para ir trabalhar na lavoura.

Estudantes surdos(as)	Causa da morte	Data de falecimento
Torquato do Amazonas	Pneumonia	1º de novembro de 1867
José Pereira de Malheiros	Peritonite aguda	28 de julho de 1873

Fonte: O autor (2022)

Marcílio Alves da Silva[99] faleceu no dia 20 de fevereiro de 1861, aos 20 anos de idade, por febre tifoide e José Pereira de Malheiros faleceu em 1873, por peritonite aguda. Além disso, revela-se o registro de falecimento de três estudantes em pouco tempo (segundo semestre de 1867). Esse assunto é descrito no Capítulo 4 desta obra, em razão da precariedade da saúde pública no Brasil à época.

Há ainda o registro de quatro estudantes retirados(as) do Instituto pela direção. São eles: João Nepomuceno Correa Cesar, que ficou pouco tempo na escola, tendo sido retirado por doença e logo levado para a casa de um parente por ordem do diretor Edouard Huet; Francisco José da Silva Moreira, expulso por Edouard Huet por mau comportamento; Manoel Pereira de Carvalho, que foi retirado a mando do governo imperial por conta da revolta contra o diretor Manoel Magalhães Couto; e Maria Pereira de Carvalho, que foi forçada a deixar o Instituto e voltar para casa por causa da participação de seu irmão na mesma revolta.

Concluímos esta seção apresentando dados do perfil de 43 estudantes surdos(as) matriculados no Ines no período de 1856 a 1868, com base nos documentos analisados. Vale dizer que a pesquisa trouxe mais detalhes sobre a vida dos(as) estudantes, por isso elaboramos uma ficha para cada estudante surdo(a) do período escolhido.

Em relação aos(às) estudantes pesquisados(as), percebemos que alguns/ algumas apresentam maiores informações sobre seu perfil, ao passo que outros(as) têm uma base de dados escassa. Apesar da exiguidade de registros encontrados, os que foram utilizados neste trabalho apresentaram informações valiosas relacionadas, por exemplo, aos aspectos geográficos, que mostram as longas distâncias percorridas pelas famílias para garantir o acesso de seus(uas) filhos(as) surdos(as) a uma escola com práticas educacionais adequadas à sua realidade. Além disso, são apresentados aspectos sociais e econômicos, como a situação financeira da família dos estudantes

---

[99] Natural de Minas Gerais, de cidade desconhecida. Foi matriculado na escola no dia 1º de janeiro de 1857 como contribuinte, mas faleceu no dia 20 de fevereiro de 1861, por febre tifoide.

surdos(as) que não tinham condições de pagar pelas despesas e recebiam as pensões do governo imperial. Por outro lado, também encontramos nos registros famílias abastadas, com posição social de prestígio, que não necessitavam de auxílios para custear seus dispêndios.

Certamente, uma investigação desse porte exigiu cuidado e critérios nas escolhas para construir análises que permitam construir uma narrativa histórica desses(as) estudantes, assim como relacioná-los às precariedades e exclusões de toda ordem que foram vivenciadas.

4

CRISE NO INSTITUTO NACIONAL DE EDUCAÇÃO DE SURDOS (1867-1868)

https://youtu.be/uVS8Rs9okj4

Este capítulo apresenta dados históricos sobre as condições educacionais e sociais dos(as) primeiros(as) estudantes surdos(as) que frequentaram o atual Instituto Nacional de Educação dos Surdos (Ines) entre 1856 e 1868. Entre os eventos mais significativos está a revolta dos(as) estudantes surdos(as) contra o sistema educacional do Instituto que ocorreu no período de 1867 a 1868, momento marcado por precariedades nas condições do ambiente escolar, problemas na gestão e administração da escola e falta de financiamento público para atender às demandas institucionais do Ines. Tais fatos incidiram sobre a saúde e a vida dos(as) estudantes. Além disso, o período é marcado por denúncias sobre práticas de maus-tratos e castigos contra estudantes surdos(as). As seções foram organizadas em ordem cronológica histórica, desde os primeiros registros sobre mortes de estudantes surdos, analisando a conturbada administração do diretor Manoel de Magalhães Couto e a intervenção do estado.

4.1 MORTES DE ESTUDANTES E PRECARIEDADES NO INSTITUTO

https://youtu.be/LKrmdlai5Rc

Para retratar esse indignante cenário, é necessário relatar a morte de alguns estudantes surdos. Iniciamos apontando a informação registrada em uma carta do diretor Manoel de Magalhães Couto ao presidente da província do Rio de Janeiro[100], registrada em 25 de julho 1867, na qual é informada a morte.

> [...] o mantido a outro aluno do Instituto, que está a meu cargo, Francisco Pereira de Carvalho, natural da Província do Rio de Janeiro e um dos alunos educados às expensas do Governo da mesma província, faleceu no dia 1º do corrente mês, às 2 horas da tarde. Faleceu de tuberculose pulmonar e foi durante a sua enfermidade, desde que ausentou-se do Ins. Doutor Thomas Antunes de Abreu, tratado pelo Ilm [...] Doutor Alfredo C. Guimarães com toda a solicitude e cercado de todas as atenções maternas da parte da Diretora do Instituto.[101]

O documento revela o falecimento do estudante por tuberculose pulmonar, o atendimento médico e o cuidado da diretora, o qual, embora tenha sido de suma importância, revelou-se insuficiente, dada a necessidade de cuidados médicos.

Três meses depois, em 29 de outubro de 1867, o diretor Manoel de Magalhães Couto encaminhou um relatório ao Conselheiro José Joaquim Fernandes Torres[102], então Ministro dos Negócios do Império, informando

---

[100] Esperidião Elói de Barros Pimentel foi presidente da província do Rio de Janeiro no período de 4 de outubro de 1866 a 10 de março de 1868.

[101] ARQUIVO NACIONAL, 25 de julho de 1867, s.p.

[102] José Joaquim Fernandes Torres nasceu em Mariana, Minas Gerais, no dia 17 de abril de 1797 e faleceu no dia 24 de dezembro de 1869. Foi senador pela província de Minas Gerais, em 1847, e presidente das províncias de São Paulo

sobre alunos doentes, que se encontravam em condições precárias, sem assistência à saúde e sem profissionais para tal.

> O estabelecimento ou por ser a época [...] de moléstias ou por serem favoráveis os ares das Laranjeiras, a disposição do prédio e a sua má posição a bronquites e pneumonias, tem tido, desde o princípio de setembro, diariamente 5 e 6 alunos enfermos e sempre 2 e 3, gravemente. Essas contínuas enfermidades reclamam a aquisição de 1 enfermeiro e necessariamente de mais 1 cozinheiro porque tendo cada um dos criados fazeres certos, não podiam abandoná-los para cuidar dos doentes para o que além disso lhes faltariam as habilitações necessárias.[103]

O diretor alertava que, diariamente, desde setembro do referido ano, de cinco a seis estudantes ficavam doentes e de dois a três em estado grave de saúde. O mesmo diretor argumentou que as dependências insalubres do Instituto favoreciam doenças respiratórias, como bronquite e pneumonia. Ademais, o documento apontava a necessidade de financiamento para contratação de enfermeiro e cozinheiro, já que o diretor e sua esposa estavam sobrecarregados com tarefas administrativas e pedagógicas, além dos cuidados com os estudantes doentes. No fim do documento, o diretor ainda solicitou verba governamental para outras despesas, além de reformas e pensões.

No dia seguinte, em 30 de outubro de 1867, outra carta escrita pelo diretor Manoel de Magalhães Couto revela uma situação de extrema complexidade:

> Cumpro o doloroso dever de participar a V. Ex.ª que o aluno Torquato pensionista do Estado, poucos dias terá de existência. Em fim de agosto apareceu-lhe uma pneumonia sintomática de tubérculos pulmonares, foi essa pneumonia de caráter agudíssimo, debelada [...] por meios enérgicos graças à solicitude e caridade do atual médico e ao zelo com que os Diretores seguiram passo a passo esse tratamento, achou-se o aluno em boas condições e entrou em convalescença. Durante uma semana, ainda que debilitado passou bem, satisfeitos contemplamos o fruto e a verdadeira recompensa do nosso trabalho, quando fez erupção a tuberculinização que se achava em esta si[...] e teve lugar a

---

(1857-1860) e Minas (1863). Foi Ministro dos Negócios do Império de 3 de agosto de 1866 a 16 de julho de 1868.
[103]   ARQUIVO NACIONAL, 29 de outubro de 1867, s.p.

> primeira hemoptises [...] e em seguida a fusão tuberculosa
> tem marchado a grandes passos, fazendo progressos rápidos
> de tal sorte que o fim desse aluno está próximo.[104]

A citação anterior é um extrato da carta que demonstra a gravidade do estado de saúde em que se encontravam os(as) estudantes surdos(as) do Ines. Cabe ressaltar que o mesmo problema afetava nacionalmente a população dos centros urbanos, levando à propagação de epidemias, por efeito das péssimas condições de higiene e da falta de políticas sanitárias. Em 1850, as políticas de saúde pública no Brasil eram precárias, pois somente as Juntas Municipais faziam o controle dos portos e forneciam vacina contra a varíola. Em âmbito internacional, sabe-se que cerca de um bilhão de pessoas morreram de tuberculose no mundo entre 1700 e 1900, por conta das novas formas de circulação, fazendo dessa doença a principal causa de mortes entre os jovens (BRASIL, 2017).

No Brasil, houve uma grande disseminação do bacilo causador da tuberculose. De acordo com Ministério da Saúde, no século XVIII, em todas as famílias do país havia pelo menos um tuberculoso (GONÇALVES, 2000). Somente em 1925 foi implementado um plano de vacinação contra essa doença no Rio de Janeiro, o que significa que, em meados do século XIX, a tuberculose era uma doença temida e sem tratamento.

Consequentemente, a taxa de mortalidade infantil no país era muito alta. De acordo com Ribeiro (2006), a alta taxa de mortalidade infantil provocada por doenças respiratórias graves, como a tuberculose, foi um dos fatores que impediram muitas crianças chegarem à vida adulta saudável. O autor reitera que, naquele período, as condições sanitárias eram bem mais precárias do que atualmente. Além disso, não havia uma medicina tão avançada como hoje em dia, assim como não havia políticas públicas de proteção à saúde, tampouco hábitos rigorosos de higiene em boa parte da população.

Vale ressaltar que esse alto índice de mortalidade infantil englobava crianças das mais diversas classes sociais. Um fato que chega a ser curioso, além de trágico, é que esse problema levava muitas famílias a optarem por ter muitos filhos, já que, em geral, nem todos conseguiriam atingir a vida adulta. Esse cenário dramático só começaria a se modificar significativamente a partir da década de 1950, quando houve uma grande diminuição da taxa de mortalidade infantil, não apenas no Brasil, mas em âmbito global.

---

[104] ARQUIVO NACIONAL, 30 de outubro de 1867, s.p.

Nessa mesma época, iniciaram-se importantes políticas de saúde pública e higiene, o que levou até mesmo a uma redução da taxa de fecundidade. (MOREIRA; ALVES; BELISÁRIO; BUENO, 2012).

De acordo com Costa (1989) e Merisse (1997), ao longo do século XIX e início do século XX, o chamado higienismo se tornou um movimento importante no Brasil, entre outros fatores pela forte influência da doutrina positivista, de origem francesa. Isso repercutiu fortemente, não apenas nas escolas e nas famílias, mas também nas instituições religiosas e na sociedade como um todo, que passou a proteger de forma mais eficaz a vida das crianças e das pessoas em geral.

Esse contexto sanitário funcionou como combustível na promoção de vários grupos que defendiam o higienismo e pregavam uma vida mais saudável e higiênica, o que influenciou também o próprio contexto educacional, pois esses grupos acreditavam que as pessoas precisavam aprender mais sobre as formas de cuidado pessoal, impondo assim à sociedade uma educação física, moral, intelectual e sexual, inspirada nos preceitos sanitários da época.

Esses esforços levaram a uma ruptura com diversas práticas pouco assépticas que eram realizadas até então pela população, especialmente no período colonial, e que contribuíram decisivamente para o surgimento de doenças.

> Diante dos altos índices de mortalidade infantil e das precárias condições de saúde dos adultos, e tendo em vista a disseminação de novos conhecimentos e técnicas provenientes do avanço da ciência, o higienismo conseguiu influenciar decisivamente a emergência de novas concepções e novos hábitos. (MERISSE, 1997, p. 33-34).

Assim, o movimento higienista também ajudou a promover políticas públicas que se preocupassem com a saúde da população, adotando medidas que iam desde saneamento básico e uso de água tratada nas residências, até vacinação etc.

Na sequência, apresentamos um relato que menciona o caso de outro aluno, Antônio Marcellino Tibau[105], que também se encontrava gravemente doente.

---

[105] Antônio Marcellino Tibau, natural de Saquarema, Rio de Janeiro, órfão, que chegou ao Instituto em setembro de 1859. Era pensionista Nacional quando o diretor Magalhães Couto solicitou a transferência de sua pensão para a província de Rio de Janeiro, mas, poucas semanas depois, faleceu na escola em 31 de outubro de 1867.

> O menino Antônio Marcellino Tibau inspira-nos [...] também sérios cuidados. Uma pneumonia bem caracterizada pelos escarros fuliginosus e sanguinolentos e pelo ruído próprio em ambos os pulmões acaba de levá-lo à cama e encontra com alta desvantagem nossa, um organismo em péssimas condições para reagir. Este aluno sofreu de vermes intestinais, ou seja, devido a moléstia ou a organização própria do surdo-mudo, cuja natureza exige quantidade de alimentação, sem a qual é inevitável grande pobreza do sangue, porta de todas as moléstias, caiu em um marasmo e quando o seu restabelecimento reclamava residência em outras condições e em lugar mais cálido, o vejo de novo no leito da dor.[106]

Embora o Instituto lamentasse a perda de estudantes, isso era completamente insuficiente para atender às necessidades sanitárias, de sobrevivência, de qualidade de vida e, até mesmo, de educação de qualquer estudante que lá vivia. Raros são os relatos, reunidos nesta pesquisa, de estudantes que, uma vez acometidos por doenças respiratórias, tenham sobrevivido. Foi possível observar que os despachos do governo imperial se resumiam a pagar as contas dos funerais.

O Instituto era uma espécie de escola internato, o que significa que os alunos estudavam e dormiam na instituição, além de fazer todas as refeições no lugar. Em outras palavras, estudavam e residiam no mesmo espaço. Segundo Conceição (2012), o Instituto, como todos os internatos existentes no país, não conseguiu escapar das críticas dos intelectuais da época às condições precárias em que se encontrava. Entre elas estavam as condições físicas e de higiene dos ambientes, principalmente os dormitórios.

Conceição (2012) analisou um conjunto de teses produzidas por estudantes das faculdades de medicina da Bahia e do Rio de Janeiro no século XIX e início do século XX. Segundo o autor, naquele contexto, os médicos preocupavam-se com assuntos higienistas e advertiam, em seus estudos acadêmicos, sobre o quão nocivo para a saúde física e moral poderiam ser esses espaços insalubres, como os internatos. Eles apresentavam, então, propostas para uma readequação dessas instituições, tendo em vista a adoção de cuidados de higiene e saúde.

Além disso, esse mesmo grupo de médicos defendia o movimento pedagógico escolanovista, que teve início nos Estados Unidos e em alguns países europeus no final do século XIX e foi difundido no Brasil no começo

---

[106] ARQUIVO NACIONAL, 30 de outubro de 1867, s.p.

do século XX. Uma das críticas desse grupo dirigia-se às fortes e constantes regulações das instituições educacionais da época aos estudantes, bem como às intervenções sobre a livre iniciativa dos sujeitos.

Conforme Januzzi (2012), o modelo de internato já vinha sendo reproduzido em nosso país desde os tempos coloniais pelos jesuítas. Assim, retirados de suas aldeias pelos religiosos, os indígenas permaneciam em colégios, a fim de aprenderem os ritos sagrados conforme a crença cristã de origem europeia, bem como suas regras e costumes clérigos. Todos esses ensinamentos eram aprendidos pelos indígenas sob o argumento de conduzirem sua alma ao céu. Além dessa prática com os povos indígenas, os jesuítas, orientados por uma missão civilizadora, procuraram admoestar os meninos filhos de funcionários públicos, de engenho e de mineradores, com o intuito de que se tornassem futuros religiosos.

Para Januzzi (2012), embora as experiências de internato tenham se iniciado em nosso país com os jesuítas, rapidamente essa prática de reco-lhimento de sujeitos se proliferou entre outras instituições com diferentes objetivos. Logo, foram criados asilos, orfanatos e colégios para surdos e colégios para cegos. A autora destaca que o objetivo principal dessas insti-tuições era organizar e fomentar um ambiente essencialmente pedagógico.

Segundo Snyders (1974), o intuito de se criar um recinto reservado era manter a separação em relação às distrações do mundo e do ambiente de aprendizado, além de proporcionar um espaço caracterizado por fortes vigilância e disciplina. Vale dizer que essas instituições eram financiadas pelos governos da época, bem como por doações ecumênicas.

Nesse contexto, a direção do Ines argumentava que a causa de tantas mortes era a insalubridade do local, conforme descrito a seguir:

> Laranjeiras é arrabalde acossado quase sempre por um vento frio e o seu solo, se não úmido, é fácil de conservar a umi-dade das chuvas e sobretudo o local em que está situado o prédio em que está o Instituto, que hoje reconheço o pior das Laranjeiras, por se achar entre dois morros formando uma garganta onde vem precipitar-se todo o ar encanado do Cosme Velho, quando a disposição material do prédio com extensos corredores e grande número de janelas já por si fornece, continuamente nos dias frios e ventosos, grandes e fortes correntes de ar, importante elemento para repetidas bronquites e pneumonias.[107]

---

[107]   ARQUIVO NACIONAL, 30 de outubro de 1867, s.p.

Segundo o diretor, não havia condições favoráveis a uma boa habitação, pois o local onde ficavam os cômodos dos alunos era úmido e frio, causando assim as enfermidades que os levavam à morte.

> A cidade do Rio de Janeiro, colocada à beira mar, sobre um terreno plano e alagadiço, sujeita durante os longos meses de verão à influência de um calor tropical, acha-se em péssimas condições topográficas de salubridade; acresce que as suas ruas são em geral estreitas e mal calçadas, que a população acha-se aglomerada em um local relativamente insuficiente, e que pantanais ainda não esgotados a circundam. Tal conjunto de condições anti-higiênicas facilmente explica a proverbial insalubridade do clima, que se manifesta pelas endemias de natureza palustre, pelas frequentes epidemias de febre amarela, pela espantosa difusão da tísica pulmonar etc. (MACHADO, 1874, p. 79.).

João da Matta Machado, médico, doutorou-se em 1874 e escreveu inúmeras críticas à situação de higiene dos internatos na época imperial. Machado realizou um estudo comparando diversas instituições de ensino pelo Brasil e constatou a precariedade das instalações oferecidas aos estudantes. Além do Ines, João verificou que em outros estabelecimentos havia estudantes doentes por causa dos espaços insalubres e com grande potencial infeccioso, o que inclusive teria levado alguns desses estudantes a óbito.

Diante desse cenário sanitário caótico, o médico João da Matta Machado aconselhou os governos da época a realizarem uma mudança drástica na política higienista. Para ele, deveriam ser repassados às instituições de ensino conhecimentos básicos e imprescindíveis sobre higiene e tratamento sanitário, que fossem adequados para os espaços, visando à saúde e ao bem-estar de todos os sujeitos que habitavam aqueles locais.

Entre as recomendações propostas pelo médico estavam o cuidado com o corpo, a alimentação higienizada, a realização de atividades físicas para o cuidado com a mente e a moral. Outra medida que visava à higiene pessoal era a advertência em relação ao asseio do corpo por meio de banhos, bem como o uso de uniformes escolares e refeições adequadas. Além disso, Machado atentou para a limpeza dos espaços comuns e para o armazenamento de água potável, de modo a evitar o consumo de água contaminada, o que poderia ser um dos vetores de doenças.

Por meio da carta registrada em 21 de novembro de 1867[108], José Joaquim Fernandes Torres informou que dois médicos, após vistoria nas

---

[108] ARQUIVO NACIONAL, 21 de novembro de 1867, s.p.

dependências do Instituto, constataram a necessidade de procurar outro prédio que apresentasse condições salubres adequadas. Os profissionais apontaram que o Instituto, por estar situado na chácara de Saturnino Ferreira da Veiga, do bairro de Laranjeiras, era um local que recebia facilmente a precipitação de todo o vento do Cosme Velho[109].

Ademais, José Joaquim Fernandes Torres alegou que o Instituto se encontrava em local distante do centro, o que dificultava a logística de deslocamento das pessoas que lá trabalhavam, reforçando assim a necessidade de transferência para outro prédio, que apresentasse estrutura igual a de outros estabelecimentos de ensino.

4.2 CASTIGOS E MAUS-TRATOS CONTRA ESTUDANTES SURDOS

https://youtu.be/1vpOvliRhZw

Além das péssimas condições do local há registros de violência e maus-tratos contra os estudantes. Uma carta datada de 8 de dezembro de 1867 revela que a diretora Francelina Garcez, esposa de Manoel de Magalhães Couto, cometeu violência contra a aluna Maria Pereira de Carvalho, trancando-a na rouparia. A menina, então, amarrou as roupas umas nas outras, improvisando uma corda, que utilizou para escapar pela janela, mas acabou caindo, como se pode ver em relato no trecho de carta do diretor.

> Essa menina, sem outro alcance senão furtar-se ao cumprimento da pena que lhe tinha sido imposta, depois de ter atirado da janela para baixo grande quantidade de roupa limpa e suja que havia em duas grandes caixas, atirou-se sobre ela e conseguiu, às carreiras, entrar pelos fundos

---

[109] Cosme Velho é um bairro nobre da Zona Sul do Rio de Janeiro. Tem grandes áreas verdes que incorporam a Mata Atlântica e compreendem a franja da Floresta da Tijuca, que desce da empena norte do Morro do Corcovado. É conhecido pelos cariocas como um lugar de temperaturas agradáveis e amenas.

> para a casa e chácara vizinha em que reside família com quem temos relações de amizade. **Os surdos-mudos não medem os seus atos** pelo que lhes fica bem e essa menina não viu senão que sentava-se da pena e abraçou o meio. A queda foi apenas de 12/2 palmos de altura e sobre grande quantidade de roupa e não foi acompanhada de febre, ao contrário, senhora de todos os seus movimentos; mas podia ter sido de grande alcance físico para ela e moral para administração.[110]

O trecho "Os surdos-mudos não medem os seus atos", escrito pelo diretor do Instituto, revela o entendimento que ele tinha a respeito dos(as) estudantes surdos(as). A compressão do diretor era de que os surdos não pensam, são incapazes de racionalizar e não dispõem de língua ou linguagem. Aqui vale destacar que, no século XIX, o discurso clínico terapêutico gozava de grande prestígio na sociedade e exercia forte influência sobre os educadores. Além disso, o autoritarismo fazia parte da forma como algumas instituições de ensino eram conduzidas. Nesse sentido, é importante refletir sobre as relações de poder estabelecidas entre esses profissionais e os estudantes surdos daquele período.

Segundo Barbosa (2012), a obra francesa de Jean-Jacques Valade-Gabel[111] afirmava que a língua de sinais era uma criação limitada e insuficiente para a expressão de inteligência.

> Uma determinação médica com a comparação estabelecida entre o surdo e o homem incapaz intelectualmente, em razão da surdez, estabelecendo, assim, uma relação com a fala como a condição cognitiva humana. Logo, a fala seria útil como meio de comunicação com o mundo. (BARBOSA, 2012, p. 103).

Outro argumento defendido pela obra era o de que a surdez provocava uma privação de inteligência nos surdos, pois, segundo o autor, havia uma relação direta entre ouvir e pensar, de modo que somente os ouvintes eram capazes de raciocinar e se desenvolver plenamente.

Esses argumentos defendidos por Valade-Gabel são uma expressão da sociedade da época, em que os surdos, quando se oralizavam, eram comparados aos ouvintes, que, por serem a maioria e conseguirem se comunicar, acabavam servindo de modelo, a fim de comprovar as limitações que a surdez impunha aos surdos.

---

[110] ARQUIVO NACIONAL, 9 de dezembro de 1867, s.p. (grifos nossos).
[111] *Compendio para Ensino dos Surdos-Mudos* (1881).

De acordo com os estudiosos Paula e Loguercio (2021), no século XIX, a sociedade em geral considerava o diferente como "anormal". Assim, para "tratar" essa questão, os governos apoiavam instituições religiosas e filantrópicas que forneciam assistência, especialmente para pessoas com deficiência. Naquele tempo, a segregação era sustentada sob o argumento de que a "anormalidade" advinha de uma patologia, de modo que era preciso apartar os "normais" dos "anormais" — termos esses que equivalem às noções atuais de pessoas sem deficiência e pessoas com deficiência.

Segundo Pereira (2006) e Mazzotta (2011), no período que vai de 1850 a 1920, houve um aumento expressivo do número de instituições segregativas, que seguiam a própria concepção de sociedade. Esses lugares seguiam a premissa da separação entre o que era entendido como "normal" do que era "anormal", entre eles os surdos e as pessoas com deficiência. Esses estabelecimentos funcionavam como uma espécie de "depósito", onde eram deixadas as pessoas consideradas incapazes, as quais, segundo a visão da época, não tinham autonomia na tomada de decisão.

Nesse cenário das instituições de ensino, circulavam discursos clínicos terapêuticos que entendiam esses espaços como de "ajustes", o que consolidava o pensamento e a formação discursiva acerca da invalidez e da incapacidade das pessoas com deficiência. Era justamente nesse contexto que muitos estabelecimentos segregativos, de cunho religioso e filantrópico, acolhiam pessoas com deficiência, a fim de oferecer assistência.

Como exemplo, trazemos o trecho de uma carta escrita por Manoel de Magalhães Couto, que solicita ao governo imperial a autorização para entregar aos pais da aluna Maria Pereira de Carvalho. Outra carta do diretor registrada em 10 de dezembro de 1867 detalha mais sobre o caso.

> Pela informação que deram a V. Ex.ª, compreende-se que a menina perseguida por castigo violento precipitara-se de uma janela de grande altura, o que poderia parecer ter sido do segundo andar. Foram os informantes pouco excrupeitosos. A menina estava só na rouparia e praticou o ato com toda a calma e precaução e longe de qualquer pressão. A pena que lhe estava imposta era a própria reclusão e a obrigação de arranjar a rouparia, que ela tinha deixado em desordem e são de tal natureza como privação de recreio, refeição fora da hora os castigos que são impostos no Instituto.[112]

---

[112] ARQUIVO NACIONAL, 10 de dezembro de 1867, s.p.

A versão de Magalhães Couto relata que Maria foi perseguida por castigo violento e, por isso, jogou-se de uma janela do segundo andar. Quando a aluna foi levada ao local em que estava longe de qualquer pressão, a diretora Francelina Garcez lhe fez muitas perguntas para saber o que estaria acontecendo. Então, a própria menina se disse arrependida e que tinha sido aconselhada por seu irmão.

> Este fato é daqueles a que se prestam a **índole e a natureza dos surdos-mudos**; eles executam sem apreciar o ato pelo prisma do bem e do mal. A menina não mediu a gravidade do ato e não teve mesmo fim determinado para o ato que praticou, nem causa que o justifique senão a **leviandade do surdo-mudo**, por quanto a própria menina, hoje reconhece o que fez e que sempre estimou a diretora, confessou-se arrependida e diz ter sido aconselhada por seu irmão, rapaz perverso e o pior de nossos alunos.[113]

No trecho anterior, deparamo-nos mais uma vez com o diretor Manoel de Magalhães Couto usando palavras agressivas e pejorativas contra os surdos. É possível notar alguns desses vocábulos nas seguintes frases: "índole e a natureza dos surdos-mudos" e "leviandade do surdo-mudo". O uso desses adjetivos expressa o preconceito contra os surdos. Essas palavras dão a impressão de que os surdos são sujeitos incapazes, inválidos e levianos. Sobre "ser leviano", o dicionário[114] define como aquele "que se comporta insensatamente sem reflexão" ou ainda "insensato". Já o termo "leviano" é usado pelo diretor para expressar que os surdos são grosseiros e irresponsáveis. Com efeito, é assim que ele se refere à estudante Maria Pereira de Carvalho, tratando-a como inconsequente.

Percebe-se, portanto, uma visão equivocada sobre a pessoa surda da parte do diretor Manoel de Magalhães Couto. Para ele, os surdos são ignorantes e desprovidos de inteligência. Por outro lado, para o professor surdo Edouard Huet, esses mesmos surdos são inteligentes, assim como capazes de estudar e aprender.

Em relato subsequente, o diretor Manoel de Magalhães Couto acusou o irmão de Maria, Manoel Pereira de Carvalho, como descrito no documento: "rapaz perverso e o pior de nossos alunos". Outra carta, escrita por Netto Machado, secretário do Ministro de Negócios, em 13 de dezembro de 1867, traz uma versão diferente, informando que a aluna não foi espancada

---

[113] ARQUIVO NACIONAL, 10 de dezembro de 1867, s.p. (grifos nossos).
[114] Ver: https://www.dicio.com.br/.

e castigada, mas sim sofreu uma queda da janela da rouparia. O documento mostra que o diretor a privou de refeições e a aprisionou na rouparia por muitas horas, durante o castigo, e que isso teria levado a tal ato de desespero por parte da aluna.

Diante dessas situações, o governo imperial convocou um inspetor chamado Tobias Rabello Leite para averiguar fatos ocorridos no Ines. Ele então fiscalizou a escrituração, as contas, as receitas e as despesas do Imperial Instituto dos Surdos, além dos relatórios, a exposição dos fatos e o estado do estabelecimento. Consequentemente, foi adotado o seguinte encaminhamento.

> Finalmente o digno presidente da comissão inspectora, o Sr. Marquês de Olinda, em ofício de 27 de setembro do ano findo, comunicou-me que esta comissão, não podendo mais, no estado em que se achava o Instituto, prestar-lhe bons serviços, e julgando conveniente que o Governo assumisse a sua direção imediata, resolverá pedir que se desse por concluída a sua missão, ficando, porém, entendido que ela se não eximia dos serviços que lhe fossem ainda exigidos. Em consequência disto o Governo tomou a si o estabelecimento, anuindo ao pedido da comissão, cujos importantes serviços em prol do Instituto reconheceu e agradeceu, como lhe cumpria. (BRASIL, 1867, p. 29).

Em 19 de dezembro de 1867, o Poder Legislativo autorizou, por meio do Decreto nº 4.046, o regulamento provisório do Instituto, com finalidade de organizar e melhorar a estrutura da escola. Também foram reguladas as atribuições e funções dos empregados, as normas de admissão e pensões dos estudantes, as matérias de ensino, os exames e prêmios, além de tabelas de vencimentos dos empregados (BRASIL, 1867).

No contexto histórico estudado, os documentos do período de 1867 a 1868 apontam a indignação dos estudantes surdos, as reclamações contra os maus-tratos, castigos e imprudências contra os estudantes e a falta de higiene no prédio, o que culminou em doenças e até em casos de óbito entre estudantes.

Diante das denúncias que chegavam, o governo imperial contou com a ajuda da fiscalização de Tobias Rabello Leite, médico sergipano que saiu do seu estado para o Rio de Janeiro com a missão de averiguar as denúncias e organizar e melhorar as condições de higiene, educacionais e administrativas do Ines.

Em janeiro de 1868, o inspetor Tobias Rabello Leite solicitou providências para melhorar o estado do Instituto. Organizou todos os ramos da administração: a instrução dos surdos (tanto pessoal, como do ensino e do serviço), a alimentação, o vestuário e as condições do prédio (tanto de higiene quanto dos materiais do estabelecimento).

Em um período de três meses, Tobias avaliou e constatou diversas irregularidades na documentação estrutural do Ines, que necessitava ser organizada com urgência. Por isso, escreveu uma carta direcionada a José Joaquim Fernandes Torres, concluindo que a escola não tinha organização nem regulamento interno.

> O Instituto dos Surdos Mudos não tem organização nem regularidade. A vontade do Diretor, única lei que o rege internamente, além de variável [...] frequentes pretextos nas diversas necessidades da administração econômica. Um regimento interno que proscreva a ordem do serviço; a nomeação de Inspetores e de Repetidores, e aquisição de objetos próprios do ensino, são necessidades vitais do Estabelecimento. Sem esses auxiliares o Instituto não passará do que tem sido até hoje, de uma casa em que moram surdos-mudos mantidos pelo Estado sem previsto algum, pois que, como demonstrei no relatório de 22 de janeiro último, é humanamente impossível que o Diretor, não tendo um só auxiliar, possa atender as exigências da administração econômica, e aplicar-se devidamente ao ensino.[115]

O inspetor Tobias Leite relatou as informações sobre a necessidade de regulamentos referentes à nomeação de inspetores e repetidores, à aquisição de objetos próprios de ensino, necessidades vitais no Instituto, além de informar que o prédio em que estava o Instituto era propriedade particular. Consultou ainda se o estado poderia arcar com as despesas, caso considerasse conveniente, para fazer no dito prédio acomodações ou obras de melhoramento. A sétima seção do Ministro do estado dos Negócios do Império, por meio do servidor J. Jorge, respondeu que iria tomar providências com urgência para a regularização e facilitação dos serviços, reformas internas e externas do edifício, para atender às necessidades dos estudantes.

---

[115] ARQUIVO NACIONAL, 25 de março de 1868, s.p.

4.3 DENÚNCIA DO ESTUDANTE SURDO

https://youtu.be/PFuZF_gwU6s

A denúncia do estudante surdo Manoel Pereira de Carvalho contra os abusos e maus-tratos praticados pelo Diretor Manoel de Magalhães Couto foi oficializada por meio de uma carta encaminhada às autoridades governamentais. Essa atitude do aluno fez com que o clima ficasse ainda mais acirrado no Ines, pois acusações fortes e detalhadas foram relatadas na carta.

FIGURA 10 – CARTA-DENÚNCIA DO ESTUDANTE SURDO CONTRA MAUS-TRATOS (1868)

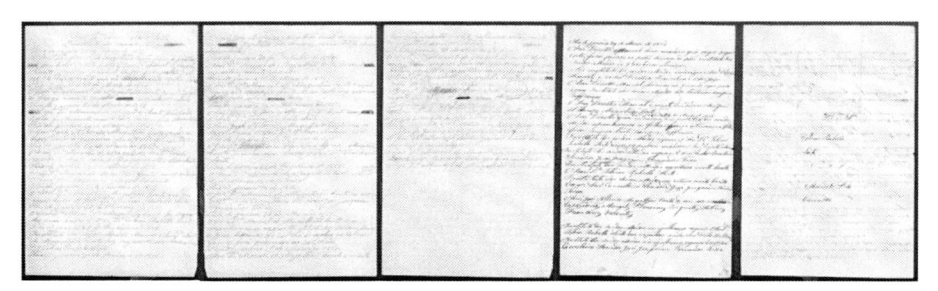

Fonte: Arquivo Nacional[116]

Pode-se considerar que a carta-denúncia é um documento raro, pelo fato de ter sido escrito de forma espontânea por um estudante surdo no século XIX. Esse documento foi transcrito pelo próprio autor (Capítulo 8) e a original encontra-se no Arquivo Nacional.

Rocha (2018) tinha alertado sobre o conflito entre estudante e diretor nos documentos encontrados.

---

[116] ARQUIVO NACIONAL, 29 de março de 1868, s.p.

> Encontramos registros de um grave conflito entre o diretor e um de seus alunos. Trata-se de Manoel Pereira de Carvalho, que entrou ao Instituto aos 11 anos em agosto de 1858, na gestão de Huet, juntamente com seus dois irmãos Francisco Pereira de Carvalho e Maria Pereira de Carvalho. Mediada por Tobias Leite, que mais tarde assumiria a direção do Instituto, a relação entre o aluno e o diretor Magalhães Couto assumiu proporções de imensa gravidade. Encontramos endereçadas ao Dr. Tobias Leite escritas pelo aluno, em forma do diário, denunciando maus tratos por parte do diretor. Nessas cartas observamos a presença do fenômeno da inversão de termos frasais em relação à ordem científica da língua escrita. (ROCHA, 2018, p. 21).

O inspetor Tobias Rabello Leite chegou ao Instituto pela manhã, como de costume, e se surpreendeu ao encontrar um aluno surdo que o aguardava para lhe entregar uma carta escrita de próprio punho. Nesse momento, o Diretor Manoel de Magalhães Couto percebeu que se tratava de uma denúncia contra ele e agrediu fisicamente o estudante, dando-lhe um soco. Mas o objetivo de entregar a denúncia, por meio da carta, foi concluído com sucesso, pois o Inspetor Tobias Rabello Leite a recebeu.

O documento foi escrito em língua portuguesa, considerada a segunda língua (L2) para surdos. Outra questão que merece destaque é o fato de que os acontecimentos narrados não obedecem a uma linearidade. Ao contrário, o estudante relata eventos presentes e passados de forma misturada.

Outro fato observado nessa escrita da carta é a repetição de fatos, pois não havia continuidade entre os fatos narrados, o estudante começava a narrar algo, cortava e retornava para outro tema. Notou-se ainda a falta de dados mais completos para a total compreensão. A escrita, no entanto, foi desenvolvida de modo formal, inclusive se dirigindo à autoridade usando os pronomes de tratamento correspondentes. Sua carta também cita nomes de pessoas que foram "acusadas — denunciadas"; assim, não somente os fatos foram revelados como também os envolvidos.

O registro do aluno surdo, coincidentemente chamado Manoel Pereira de Carvalho, denuncia a gestão do diretor Manoel de Magalhães Couto. Percebe-se que ele escreve no plural, referindo-se a um coletivo de estudantes surdos insatisfeitos com aquela gestão, formado com o intuito de fortalecer sua narrativa. Como foi dito, a carta trazia denúncias também contra a família do diretor.

> "Nós instituto dos surdos-mudos inimigos o inspetor diretor Manoel e a inspetora Francelina e o inspetor José".

Um trecho em particular dessa carta chama atenção, pois o aluno escreveu que ele e seus colegas surdos eram inimigos da família de Magalhães Couto. Ele citou os nomes dos membros da família, como Francelina Garcez, mulher do diretor, professora e inspetora das meninas; e Galdino de Magalhães Couto[117], que era inspetor dos alunos.

> Rio de Janeiro 20 de julho de 1867.
>
> O Inspetor Dr. Manoel de Magalhães Couto chamamos homens e as mulheres.
>
> O Inspetor Dr. Manoel de Magalhães Couto chamamos comemos convido homens e as mulheres.
>
> O Inspetor Dr. Manoel de Magalhães Couto é muito.

A carta, datada de 20 de julho de 1867, é a referência mais antiga de um documento. Nessa carta, encontramos um registro da reclamação dos estudantes surdos sobre o convite realizado por Couto para outras pessoas se alimentarem na instituição. Esse caso já havia sido relatado pelo fiscal do governo, Tobias Leite, em trecho da carta:

> Ali foram aprovadas estas nomeações ficaram residindo no Estabelecimento três famílias; a do Diretor; a do Inspetor; e a da Inspetora, o que, além de inconveniente para a harmonia que ali deve ruínas entre os empregados dará um resultado serem alimentadas pelo Estado maior número de pessoas do que o que permite o regulamento. [...] A vista do exposto parece-me que não convêm por forma alguma que

---

[117] Na carta-denúncia do aluno Manoel Pereira de Carvalho, consta o nome José Alberico como inspetor do Instituto, mas, durante as pesquisas sobre a família do diretor Manoel de Magalhães Couto, descobriu-se o nome Alberico José e José Alarico, ambos filhos do mesmo diretor e Francelina Garcez, o primeiro nascido em 1859 e o segundo em 1869. Em 1868, quando a carta-denúncia foi registrada, José Alarico ainda não havia nascido e seu irmão mais velho, Alberico José, tinha apenas 8 anos, logo, era impossível que fosse inspetor da escola. Diante disso, investiguei outros documentos, como o Almanak Laemmert, no qual consta o nome Galdino como inspetor do Instituto entre 1865 e 1868. Acredito que o aluno tenha confundido o nome do inspetor. O nome José Alberico, que o aluno denunciou, é, na verdade, Galdino. Galdino de Magalhães Couto nasceu na cidade paulista de Bananal, filho de Joaquim de Magalhães Couto, irmão do diretor Manoel de Magalhães Couto e Maria Theodora de Magalhães. Casado com Dionysia Amalia Antunes Couto em 13 de novembro de 1873 na Igreja Nossa Senhora do Monte do Carmo da Antiga Sé, Rio de Janeiro, foi secretário, inspetor, amanuense e morador no Ines entre 1865 e 1868. Em 1866, tornou-se tenente, militar, capitão de Companhas de Infantaria e trabalhou no Corpo Militar da Polícia da Corte (Rio de Janeiro). Faleceu no dia 17 de abril de 1881 por hipertrofia cardíaca aos 32 anos de idade e foi sepultado no cemitério São Francisco Xavier, no Rio de Janeiro.

seja aprovada a nomeação de Ormund. Se o Diretor quiser, visto que é direito seu, nomear Marcelino Pinto Cabral para o cargo do Inspetor, D. Acedina mulher deste poderá exercer o cargo de Inspetora. Mas é quase certo que a mulher do Diretor despeitada por seu irmão (Ormund) não ficar no Estabelecimento promoverá conflitos tão repetidos com a mulher de Marcelino que o obrigar a abandonar o cargo. Não devo concluir sem dizer a V. Ex.ª a verdade inteira, emitindo com franqueza a opinião que a observação diária me tem feito adquirir: em quarto residir no Instituto dos Surdos Mudos a mulher do atual Diretor impossíveis serão a ordem, a economia, e até a moralidade, porque essa mulher ruim a um gênio violento e tresfego, maus costumes.[118]

A carta anterior revela que o diretor Manoel de Magalhães Couto queria contratar dois empregados: João Frederico de Ormund Junior, como inspetor de alunos; e Acidina de Guriraga Cabral, como inspetora de alunas. O inspetor do governo Tobias Leite era contrário às contratações, pois acreditava que ter muitas pessoas da mesma família trabalhando no Instituto poderia causar conflitos. Ademais, o aumento demasiado de pessoas no local poderia levar a escassez de alimentos, o que elevaria os custos.

Além da questão da economia de recursos, no mesmo documento, Tobias Leite menciona que não foi realizada a contratação de Ormund Junior, pois ele era um ex-funcionário e já estivera envolvido em conflitos, inclusive com estudantes surdos no Ines. Em outro trecho desse documento, Leite declara que os estudantes surdos estavam traumatizados e não queriam que Ormund retornasse ao Instituto, uma vez que tinha sido expulso por uma briga. Conforme o trecho da carta: "Os alunos conservam tão viva lembrança dos maus-tratos que dele receberam, que quase todos em divisão no primeiro dia em que ele entrou no Instituto: Ormund é mau; Ormund não é mais amigo"[119].

Diante desse contexto, especialmente em relação às questões que tratam da contratação de funcionários para o Instituto, percebemos uma compreensão de Tobias Leite de que era melhor demitir uma pessoa por família, ou seja, apenas uma pessoa da família poderia trabalhar no Instituto. O governo imperial atendeu seu pedido. Logo, Francelina Garcez, mulher do diretor, foi demitida.

Diante disso, o estudante surdo Manoel Pereira de Carvalho, insatisfeito com tantas injustiças cometidas no Ines, as quais ele testemunhava e vivenciava, resolveu denunciar as práticas de maus-tratos, o abuso de autoridade e os

---

[118] ARQUIVO NACIONAL, 7 de maio de 1868, s.p.
[119] ARQUIVO NACIONAL, 7 de maio de 1868, s.p.

privilégios por parte dos diretores, que eram práticas muito comuns. Edouard Huet, primeiro diretor do Ines, veio sozinho ao Brasil, tendo a companhia de sua esposa por apenas um ano depois de sua chegada. Sua descendência nasceu no Rio de Janeiro e todos moravam e comiam gratuitamente no Ines e foram oficialmente contratados como funcionários do Instituto.

Nessa esteira histórica, o diretor Manoel de Magalhães Couto, sua esposa Francelina Garcez e seu sobrinho, Galdino de Magalhães Couto, trabalhavam no Ines. Assim, toda a família recebia os salários do governo imperial.

FIGURA 11 – FAMÍLIA MAGALHÃES COUTO EMPREGADA NO INES (1867)

Imperial Instituto dos Surdos-Mudos de ambos os sexos. [60 a

CHACARA DAS LARANGEIRAS, 95.

Debaixo do patrocinio de SS. MM. II. e sob a protecção de S. Ex. o Sr. Marquez de Olinda, Presidente da Commissão Inspectora que o fundára.

Director, Thesoureiro e chefe do ensino. — Dr. M. de Magalhães Couto; reside no estabelecimento.

Directora encarregada da educação moral, da administração e economia domestica, da direcção da enfermaria, rouparia e engommado. — D. Francelina Garcez de Magalhães.

Medico. — Dr. João Pedro de Miranda, campo da Acclamação, 99.

Capellão. . . . .

Professor do 1° e 2° anno, lingua nacional da classe dos alumnos, e Professor de Calligraphia para ambos os sexos — Silvio Pellico Ferreira de Souza — reside no estabelecimento.

Professor do 3° anno, lingua nacional. — O Director.

Professora do 1° e 2° anno, lingua nacional da classe das alumnas. — A Directora.

Professor de elementos de arithmetica e algebra. — O Director.

Professor de articulação artificial e da leitura sobre os labios para ambos os sexos. — O Director.

Professor de elementos de geographia e de historia. — Silvio Pellico Ferreira de Souza.

Professor de desenho. — Joaquim Ignacio da Costa Miranda Junior, campo da Acclamação, 99.

Professora de costura e mais trabalhos de agulha para as alumnas. — A Directora.

Repetidor do 2° anno, Secção A. — Esperidião Gonçalves Fiusa, alumno do estabelecimento.

Idem do 2° anno, Secção B, Amanuense e Inspector dos alumnos. — Galdino de Magalhães Couto; reside no estabelecimento.

Idem do 1° anno. — Tobias Marcellino de Lemos, alumno do estabelecimento.

Idem do 1° e 2° anno da classe das alumnas. — Maria Pereira de Carvalho, alumna do estabelecimento.

Inspectora das alumnas. — Vago.

Porteiro. — Antonio Pereira do Lago.

Mestre e dono da Sapataria em que aprendem os alumnos esse officio. — Vago.

Mestre Alfaiate, idem. —

Mestre Marceneiro. —

Visita-se o Instituto todos os dias, das 9 horas da manhã ás 2 horas da tarde.

Fonte: Almanak Laemmert[120]

[120] BIBLIOTECA NACIONAL, 1867, p. 80-81.

Conceição (2012) analisa a perpetuação de famílias ocupando cargos e obtendo privilégios sociais no Ines. Graças à posição hierárquica que ocupavam, esses diretores obtinham privilégios e benefícios pessoais. Além dos altos salários, eles podiam indicar seus próprios familiares para trabalharem de forma remunerada no Ines, além de usufruírem de alimentação e moradia gratuita para si e para os seus. "Nos internatos constituía-se em privilégios de classes ou de posições sociais de famílias abastadas, segmentos que podiam fazer face aos dispêndios do internato" (CONCEIÇÃO, 2012, p. 125).

Aqui, neste ponto do trabalho, com base em Conceição (2012), que, por sua vez, inspira-se em Pierre Bourdieu, debate-se a questão da hierarquia de classes do Brasil, que pode ser vista como resquícios do período da monarquia, pois, contextualizando o sistema de internato do Ines, esse inaugurou-se justamente durante o governo imperial.

Nesse período, os privilégios eram concedidos ao Imperador do Brasil e esse indicava os diretores que compunham o topo hierárquico do Ines. O governo imperial fazia parte de um grupo elitizado, abastado, possuidor de bens financeiros e muitos privilégios sociais. O primeiro grupo composto por pessoas abastadas financeiramente formavam o topo da hierarquia e possuíam privilégios sociais, como alimentação requintada, moradia privilegiada, acesso financeiro qualificado, ou seja, estavam no topo de todos os gozos de privilégios.

Já o segundo grupo hierárquico era formado pelos familiares dos governantes, que, na época, constituíam a nobreza. Suas famílias desfrutavam de privilégios sociais que a grande maioria da população não tinha. Considerava-se que, dessas famílias, também faziam parte as noras e os genros dos governantes, que, por contrato de casamento com os filhos da família real, acabavam por desfrutar de todos os melhores proveitos que o poder financeiro lhes alcançava, ou seja, os bens.

Aqui vale refletir sobre um interessante estudo sobre a decadência do patriarcado rural e o desenvolvimento urbano, realizado pelo reconhecido sociólogo Gilberto Freyre (2003). Segundo o autor, um grande problema existente nos internatos era a falta de alimentação para os alunos. Mesmo quando os alimentos eram oferecidos, a quantidade era insuficiente e a qualidade era péssima, sem nenhum cuidado com o preparo, razão pela qual os alunos nos internatos viviam com fome.

Segundo Freyre (2003), nesse período existiu um internato que era administrado por padres, que instruíram e ensinavam os futuros religiosos. Esses alunos mal alimentados adoeciam com frequência. Segundo o relato do médico higienista João da Matta Machado, ao observar as condições dos internatos, ele percebeu de imediato as precárias condições de alimentação dos estudantes nos colégios do Rio de Janeiro, incluindo o Ines. Os alimentos eram tão mal preparados que geravam repugnância nos alunos, que até comiam, pois era o único alimento que os ofertavam, porém comiam tão rápido, a fim de se livrar da fome, que frequentemente sofriam de má digestão e outros problemas de saúde.

Os documentos históricos, como cartas do diretor, datadas em 1867, registram a ocorrência de mortes de estudantes, doenças graves adquiridas, como pneumonia, decorrentes das más condições de acomodações do internato, falta de higiene nos cômodos e dos dormitórios dos alunos, a precarização da alimentação, bem como a falta dela, que os padres justificavam com argumentos econômicos e teológicos. As mortes de surdos(as) registradas em documentos como "sem causas definidas", considerando todo o contexto aqui apresentado, mostram que a falta de alimentação adequada e de higiene levavam às doenças e aos óbitos.

Três meses depois de o aluno Manoel Pereira de Carvalho escrever a carta de denúncia sobre os maus-tratos ocorridos no Ines, o diretor Tobias Leite impôs novas regras para melhorar a organização do Instituto, determinando, então, que seria admitido no quadro de funcionários apenas um familiar por funcionário. Assim, haveria uma distribuição melhor dos alimentos, os quais eram custeados pelo governo. A partir dessa decisão, houve uma mudança. Até esse momento, os funcionários faziam do Ines um cabide de emprego para suas famílias, que usufruíam dos alimentos que eram destinados aos(às) alunos(as) surdos(as). O secretário do governo imperial aprovou o despacho com a proposta de Tobias.

Note-se que, em sua carta-denúncia, do dia 20 de julho de 1867, o aluno Manoel registrou que havia duas semanas que seu irmão mais velho, de nome Francisco, havia falecido no Ines de pneumonia. E que sua irmã, Maria, havia sido castigada, tendo sido obrigada a ficar na rouparia e acabou caindo do andar de cima do prédio pela janela. A soma dessas situações ativou a revolta de Manoel, que não hesitou em denunciar os maus-tratos e os abusos por meio de sua carta.

Rio de Janeiro 31 de março de 1868.
O Inspetor Dr. Manoel de Magalhães Couto, pega a pistolão de seu bolso paletó preta o Inspetor Dr. Manoel de Magalhães Couto pega a punhal de seu bolso paletó preto as 12 horas noite me vê lembrando deitar nunca.

Por conta dessa violenta atitude dentro do estabelecimento, o diretor e esse aluno se envolveram em uma briga, com agressão física. O aluno disse que o diretor lançou mão de uma arma que tinha no bolso do paletó, mas o inspetor disse que não teria sido possível constatar a verdadeira versão, porque não pareceu conveniente ouvir, em particular, alunos e muito menos os criados, únicas testemunhas do acontecimento.

Rio de Janeiro 31 de março de 1868.

O inspetor Dr. Manoel de Magalhães Couto privando cala a Diogo muito ventre [ilegível] é muito descontente.

Rio de Janeiro 31 de março de 1868.

O Inspetor Dr. Manoel de Magalhães Couto privando cala á Augusto muito sede bebe agua descontente.

Rio de Janeiro 29 de março de 1868.

O Inspetor José Alberico Magalhães Couto morde a braço cala á Joaquim muito dor descontente.

Rio de Janeiro 29 de março de 1868.

O Inspetor Dr. Manoel de Magalhães Couto bonito morde a braço cala á Joaquim dor descontente.

A carta-denúncia escrita pelo aluno Manoel, que viu e vivenciou inúmeros abusos físicos e psicológicos no Instituto, detalha a cronologia dos acontecimentos em que os fatos ocorreram e vai se constituindo como um rico documento para uma investigação das dependências do Instituto. Nesse documento, o estudante cita os nomes de cada um de seus colegas surdos, que sofrem violências físicas e psicológicas, humilhações, abusos e negligências no Instituto.

O aluno Manoel descreveu fatos ocorridos nas dependências da ala masculina do internato, visto que os dormitórios femininos pertenciam a outra ala da instituição. Assim, Manoel, que ocupava um leito no dormitório masculino do Instituto juntamente aos seus colegas, foi testemunha de abusos que ocorriam naquele ambiente, possibilitando uma descrição detalhada, em sua carta, das atrocidades e agressões físicas do Diretor Manoel de Magalhães Couto contra seus colegas surdos.

Entre os fatos relatados na carta-denúncia do estudante, destacamos o ocorrido com seu colega surdo Diogo José da Rocha, que, de acordo com a carta, foi agredido pelo inspetor Magalhães Couto com um soco na região do "ventre", ou seja, no abdômen.

Outra denúncia das atitudes violentas de Manoel de Magalhães Couto refere-se à proibição do aluno surdo Augusto do Nascimento Natal de beber água: "Augusto muito sede bebe agua descontente." Esse estaria com muita sede e teve sua necessidade negada. Em outro trecho da carta, relata-se que o inspetor, sobrinho do diretor, mordeu o braço do aluno surdo Joaquim do Maranhão. E o próprio diretor também teria mordido o braço do aluno, dando continuidade aos abusos e aos maus-tratos. Essa atitude deixou os surdos revoltados. "O Inspetor José Alberico Magalhães Couto de um soco as [ilegível] Esperidião, Manoel, Flausino, Torquato, Antônio, Francisco, Valente".

O aluno relatou que o inspetor agredia fisicamente os(as) alunos(as) surdos(as). Mais especificamente, os maus-tratos relatados eram empurrões, socos, tapas entre os colegas agredidos — Esperidião Gonçalves Fiuza[121], Manoel Pereira de Carvalho[122], Flausino José da Costa Gama, Torquato do Amazonas, Antônio Marcellino Tibau, Francisco Pereira de Carvalho e Eduardo Gonsalves Valente Junior[123].

Em sua carta-denúncia, o aluno nomeou vários colegas que viveram maus-tratos no Ines, porém, entre os citados, muitos já haviam falecido e outros, saído do Ines. Todas as violências, abusos e negligências relatadas na carta denotam o quanto Manoel foi acumulando angústias e revoltas pelas situações vivenciadas, incluindo a morte de seu irmão Francisco, que faleceu por pneumonia. Essas tristes e revoltantes situações não podem deixar de ser associadas aos inúmeros casos de adoecimentos e mortes registradas, sobretudo no ano anterior à escrita da carta-denúncia. Sem dúvida, a carta registra um cenário de horrores, sofrimento e violências de toda ordem, o que certamente impossibilitou alguns dos colegas de Manoel Pereira de Carvalho permanecerem vivos até as denúncias virem a público.

> Rio de Janeiro 31 de março de 1868.
>
> Inspetor Dr. Manoel de Magalhães Couto é muito zangado arrasta paletó cala me estou muito vingativo sempre triste.

---

[121] Natural da cidade de Jacobina, Bahia, é filho de Pedro Gonçalves Fiuza. Nasceu surdo e chegou no dia 1º de maio de 1860, aos 14 anos de idade. Como aluno, foi repetidor de classe dos alunos de 2 anos entre 1864 e 1868. O diretor Tobias Leite quis designá-lo como despenseiro, mas esta função acabou assumida por outro aluno, João Flávio de Azevedo. No final de 1868, concluiu sua educação por idade.

[122] O próprio Manoel escreveu o nome dele.

[123] Veio de uma família rica de Aracati, Ceará. É filho de Eduardo Gonsalves Valente e Isabel Gurgel do Amaral. A família sustentava a pensão de Eduardo. Ele tinha 17 anos de idade quando entrou no dia 1º de junho de 1864, mas ficou apenas um ano e meio, pois os registros revelam que ele não esteve mais na escola desde dezembro de 1865.

O fragmento de escrita anterior relata a personalidade de Manoel de Magalhães Couto. O diretor do Ines é descrito como um homem de semblante sempre zangado, que arrastava os alunos surdos pelo paletó e os mandava "calar a boca".

Não é somente a carta de Manoel que tece denúncias a respeito de maus-tratos, abandono, abusos psicológicos, falta de higiene e alimentação no internato. Isso ocorreu em várias instituições e internatos no mesmo período em todo o território brasileiro.

Práticas de subjugação de estudantes, realizada por inspetores e diretores, eram comuns em nosso país no período monárquico. Lemos (2012) relata fatos de agressões físicas e verbais contra estudantes nesse período e cita um artigo de jornal publicado em 23 de fevereiro de 1876 com uma denúncia anônima que relata que o professor bate e usa de agressões físicas contra alunos pobres em um internato do Rio de Janeiro.

Na pesquisa de Lemos (2012), revela-se o caso de um aluno de uma escola na Ilha de Paquetá, no Rio de Janeiro, que relatou ao inspetor de ensino, por meio de um bilhete anônimo, que o professor era alcoólatra e, sob efeito de álcool, agredia os alunos. Conforme o trecho, "O professor dessa ilha, excelentíssimo senhor, jamais deixara de ser um bêbado, bate nas mãos das pobres crianças, e o delegado seu protector, ora Deos" (LEMOS, 2012, p. 638). O inspetor levou esse bilhete à autoridade da região, o delegado, que averiguou a situação. Na delegacia, não se conseguiu comprovar as agressões verbais que o professor alcoólatra praticava contra os alunos. Ainda assim, o delegado emitiu um ofício solicitando a demissão do professor, sob alegação de que ele fazia uso de álcool no desempenho da função.

O relato de Lemos (2012) contrasta com o caso de Maria Pereira Carvalho, aluna surda do Ines que foi castigada pela esposa do diretor Manoel e ficou presa no segundo andar da instituição. Nesse episódio, a menina, que acabou caindo da janela, o único depoimento obtido pela polícia foi o do diretor Manoel. Outros alunos e os funcionários do Ines foram ignorados. Assim, o diretor apresentou os fatos da forma que lhe convinha, obviamente omitindo que a menina caiu do segundo andar porque estava cumprindo um castigo dado por sua esposa.

O depoimento do diretor chegou até a secretaria que investigava o caso, porém a investigação foi arquivada por falta de provas, de modo que as diversas testemunhas do Ines não foram ouvidas. Com efeito, o aluno

Manoel registrou em sua carta-denúncia essa situação relacionada ao caso Maria, detalhando inclusive a omissão acerca do fato de que ela estava de castigo no momento em que caiu do prédio.

Conforme as pesquisas de Almeida (2008), a respeito dos castigos físicos praticados por docentes no período de 1860 a 1891, na cidade do Rio de Janeiro, foi possível localizar 22 casos em que professores agrediam fisicamente seus(uas) alunos(as). Um fato curioso é que, desses 22 casos encontrados, em apenas dois houve a aplicação de sanções, que foram o afastamento de professores e o fechamento de uma escola pelo período de três meses, enquanto as autoridades realizavam as investigações. Existem relatos de professores que foram substituídos e de outros que foram advertidos graças à denúncia dos pais. Os professores advertidos pelo governo foram orientados a nunca mais usar de agressões físicas para com seus alunos, de modo que, caso esses estivessem dando problemas em sala de aula, o professor deveria, no máximo, usar de agressões morais e, caso isso não funcionasse, expulsar os alunos do colégio.

O governo tinha por prática avaliar os professores, entrevistando-os antes de efetivar a contratação. Aqueles que se revelassem adeptos de castigos físicos eram eliminados do processo, o que deixa claro que o estado reprovava o uso de agressões físicas como forma de educar os alunos. Somente o uso de castigos morais seria tolerado. Percebe-se com todas essas leituras e estudos que, antigamente, sobretudo por volta do século XIX, castigos eram uma prática comum para disciplinar alunos.

Conforme estudos de Aragão e Freitas (2012), a violência na relação entre professor e aluno era comum naquele período e isso não era uma prática apenas da escola, pois a violência era considerada normal em todas as relações humanas, como entre senhores e escravos, marido e mulher, pais e filhos etc. Porém, a partir do século XIX, o uso de agressões físicas já não era mais aceita, principalmente pelo poder público, pois a mentalidade era a de que a sociedade deveria ser desenvolvida e civilizada.

Segundo Durkheim (1995), no período da Idade Média, os castigos físicos faziam parte da educação familiar e das pequenas escolas. O autor ressalta que, naquele período histórico, a disciplina era valorizada e muito rigorosa. Em outras palavras, a escola tinha esse papel de instituição disciplinadora.

Já no período da Renascença, esse pensamento de que os alunos deveriam ser disciplinados, que ainda habitava a cultura europeia, vai dando lugar às visões baseadas nas ciências. Assim, um novo olhar sobre a educação vai aos poucos se formatando.

Muitas escolas são criadas no período renascentista, assim como os internatos. Esses últimos tinham como funções principais educar para a ordem e disciplinar os alunos de forma bem hierarquizada, de modo que o professor era visto como o detentor do saber e ao aluno cabia apenas a obediência. E isso era muito apreciado pelas famílias, que desejavam que seus filhos fossem educados e disciplinados para a vida posterior, fora dos internatos. A maioria das famílias apoiava essa noção rígida e disciplinadora de educação.

Conforme Locke (1986), os castigos corporais não são a melhor forma de educar uma criança. O que se espera da formação de uma criança é que se tornem homens bons, ingênuos e prudentes. Para isso, é necessário aprender a obediência à hierarquia.

Nos casos dos internatos, os estudantes deveriam seguir as regras rígidas em relação aos horários e eram constantemente vigiados, desde que acordavam até a hora de dormir. Eles sempre estavam sob rigorosa vigilância. Os estudantes que não obedeciam às regras eram punidos. O uso de uniforme era obrigatório e não havia precedentes a ninguém. Na época, o castigo era uma prática que tinha como objetivo corrigir a postura ou a conduta disciplinar do aluno e não fazer com que ele aprendesse.

Melo (2013) explica que o castigo moral era permitido pelo estado para que os docentes o aplicassem em detrimento do castigo físico. O que intriga a autora é que, mesmo com a "permissão" para o uso de castigos morais, ainda assim os professores pareciam optar pelo uso do castigo físico, alegando terem esgotado todas as tentativas de educar e corrigir por meio do castigo moral.

Percebe-se essa mesma realidade no Ines, com a aplicação excessiva de regras. Com efeito, quando o aluno surdo Manoel se posicionou, expressando-se por meio da carta-denúncia, seu ato de coragem assustou os dirigentes, que não estavam acostumados com "falta de obediência". Porém, ele estava expressando a voz de muitos surdos do Instituto.

Por conta da ousadia e da coragem do aluno Manoel em fazer sua denúncia, por meio de carta, sobre os episódios de humilhações e agressões físicas, o interventor Tobias esteve no Ines para averiguar a denúncia e verificar os fatos, bem como reorganizar o Ines administrativamente. Tobias era um funcionário neutro do governo e, no cumprimento da missão a que foi designado, ele próprio observou cada fato do cotidiano da escola e redigiu de próprio punho um documento que esclarece todos os pormenores da denúncia realizada. Esse documento foi então encaminhado ao estado.

Para Souza (2003), a partir do século XX, o pensamento e os discursos dominantes eram contrários aos castigos físicos e agressões. Nesse momento, os castigos físicos passam a ser entendidos como atos de brutalidade e violência, que contribuem apenas para que os alunos crescessem traumatizados, com problemas psicológicos e cheios de sofrimentos desnecessários.

Outro fato que não se coadunava mais com práticas agressivas é que o Brasil buscava, a partir do início do século XX, ser uma nação civilizada, na qual não cabiam formas tão bárbaras de agressão nas escolas. Nesse sentido, para que o país se desenvolvesse era necessária uma mudança social. Assim, surgem legislações em defesa de uma nova cultura, que decretasse o fim das agressões[124].

Além de todo o sofrimento protagonizado pelos estudantes surdos do Ines, já citados, como castigos, agressões físicas, humilhações, maus-tratos, abuso de poder, entre outras, há o fato relatado a seguir:

> Rio de Janeiro 31 de março de 1868.
>
> O inspetor Dr. Manoel de Magalhães Couto disse mandou negros dois da uns socos cala me estou muito vingativo sempre força mais
>
> O Inspetor dr. Manoel de Magalhães Couto chama [ilegível] com a Theonilha negra.

O diretor Manoel de Magalhães Couto, segundo o relato, mandou duas pessoas negras para usar de violência contra o aluno surdo Manoel Pereira de Carvalho. Percebe-se que o aluno citou o nome da mulher negra Theonilha[125].

No período que isso ocorreu, no ano de 1868, alguns negros já haviam sido libertos e trabalhavam no Ines somente nos serviços domésticos, o que correspondia a cozinhar, lavar roupa, limpar o Instituto, entre outros afazeres.

> Encontramos nas folhas de pagamento a presença de inúmeros escravos de aluguel exercendo a função de cozinheiro, servente e criada. A maioria era propriedade de funcionários graduados do Instituto ou de autoridades do Império, como as escravas de propriedade da Marquesa de Abrantes, esposa do Marquês de Abrantes, que era membro da Comissão Inspetora do Instituto. (ROCHA, 2018, p. 22).

---

[124] Mais de 130 anos depois, a Lei nº 8.069/1990, conhecida como o Estatuto da Criança e do Adolescente (ECA), bem como a Constituição Brasileira de 1988, são leis que asseguram a integridade física e moral de crianças, jovens e adolescentes. Em especial, proíbem o uso de agressões físicas no ambiente escolar. Punições e castigos ficam proibidos com força de lei tanto em internatos quanto em escolas.

[125] Rocha (2018) apresenta registros de folhas de pagamento com inúmeros escravos exercendo funções de cozinheiro, servente e criada, um deles contou com o nome da Theonilla como "crioula de aluguel" para trabalhar no Instituto.

Na folha de pagamento do Ines constavam muitos negros que exerciam funções domésticas, como cozinheiros, serventes e criadas. No período entre 1850 e 1880, ainda se encontravam no Rio de Janeiro jornais impressos com anúncios de ofertas de aluguel de escravos.

FIGURA 12 – ANÚNCIOS DE ALUGUEL DE ESCRAVOS DO INES

ALUGA-SE uma preta sabendo lavar, cozinhar, engommar liso e coser alguma cousa; na rua de S. Lourenço n. 27, junto ao portão do collegio dos surdos mudos.

ALUGA-SE uma negrinha de 16 annos, muito propria para andar com crianças, cose e faz o mais serviço de uma casa e com a condição de não sahir á rua; na rua de S. Lourenço n. 27, junto ao collegio dos surdos mudos.

PRECISA-SE de um preto cocheiro, que tambem se sujeite a todo o serviço de uma casa; dirijão-se ao Imperial Instituto dos Surdos Mudos, rua de S. Lourenço n. 27.

Fonte: *Jornal do Commercio* (os dois primeiros trechos são de 9 de fevereiro de 1858[126] e o terceiro, de 29 de dezembro de 1859[127])

Segundo Libby (1993), a pirâmide social e hierárquica brasileira foi muito influenciada por essa lógica do "manda quem pode, obedece quem tem juízo", ou seja, o modelo da relação entre senhores e escravos. Por esse aspecto cultural tão presente é que as pessoas negras, algumas até na condição de escravos libertos, sujeitavam-se e obedeciam às ordens de Manoel de Magalhães Couto, diretor do Ines, a quem elas entendiam que deviam obediência e subserviência, vendo-o como patrão/chefe.

Outro aspecto registrado pelas pesquisas acadêmicas é que "obter" um escravo se tornava um sinal de status para a época. O modo de agir e de pensar da sociedade nesse período era totalmente influenciado por esses padrões escravagistas.

Diante disso e pelos motivos já citados é que as pessoas negras, sentindo-se na obrigação de obedecer ao "patrão/chefe" Manoel de Magalhães Couto, chegavam até mesmo a concordar em agredir os surdos do Ines a pedido dele.

126 BIBLIOTECA NACIONAL, 9 de fevereiro de 1858, s.p.

127 BIBLIOTECA NACIONAL, 29 de dezembro de 1859, s.p.

> Rio de Janeiro 28 de fevereiro de 1868.
>
> O Inspetor Dr. Manoel de Magalhães Couto ira da um burro o Inspetor dr. Tobias Rabello Leite.
>
> Rio de Janeiro 28 de fevereiro de 1868.
>
> O Inspetor dr. Manoel de Magalhães Couto faz signos da um burro o Inspetor Dr. Tobias Rabello Leite.
>
> Rio de Janeiro 28 de fevereiro de 1868.
>
> Instituto dos surdos-mudos veremos o Inspetor Dr. Manoel de Magalhães Couto faz signos da um burro o inspetor dr. Tobias Rabello Leite.

O estudante Manoel Pereira de Carvalho percebeu que o diretor Manoel de Magalhães Couto, chamou Tobias de "burro" em língua de sinais. Nos registros históricos constata-se a palavra "signos" que, nos dias atuais, é a língua de sinais.

O estudante presenciou e viu a sinalização do diretor, referindo-se a Tobias e frisando que ele era burro. E se viu, assim, na obrigação de contar e denunciar o fato ao diretor interventor para que ele soubesse com quem estava lidando.

Nesse momento da narrativa, faz-se necessário analisar o protagonismo do estudante surdo e o quanto a carta escrita por ele retrata a história da luta pelos direitos dos surdos.

> Instituto dos surdos-mudos nos estimo muito bonito o Inspetor Dr. Tobias Rabello Leite.
>
> Instituto dos surdos-mudos nos estimo muito bonito Exmo. Inspetor Conselheiro Senador José Joaquim Fernandes Torres.
>
> Instituto dos surdos-mudos nos ajoelhamos rogamos o Inspetor Dr. Tobias Rabello Leite disse expulsar mandar o Inspetor Diretor e a inspetora Diretora.
>
> Instituto dos surdos-mudos nos ajoelhamos rogamos Exmo. Inspetor Conselheiro Senador José Joaquim Fernandes Torres.

O aluno surdo Manoel, em sua carta, diz estimar que o Ines fosse um lugar bonito. Com certeza, havia um anseio de que a instituição não fosse bonita apenas nos aspectos estruturais, mas, acima de tudo, na organização e na gestão.

As pesquisas de Conceição (2012) nos mostram como funcionava a estrutura dos internatos do Rio de Janeiro, enfatizando que esses eram utilizados até mesmo pelas elites brasileiras. Por outro lado, esses mesmos espaços eram destinados a crianças órfãs, ou seja, os mesmos internatos recebiam crianças de todas as classes sociais para serem educadas e ensinadas. Isso nos permite compreender a própria estrutura física dessas instituições. Os terrenos eram extensos, com muitas árvores e pomares — com frequência, localizavam-se em chácaras, com parques, de modo que eram espaços apropriados para que as crianças pudessem correr e brincar. Em suma, os locais eram aprazíveis, bonitos e traziam uma sensação gostosa de aconchego com a natureza presente.

Na carta-denúncia do aluno Manoel, ele descreve o Instituto por fora, situado no bairro de Laranjeiras, no Rio de Janeiro. A área externa era bela, porém seu interior estava adoecido. Havia muito sofrimento, muita dor, agressões e humilhações, faltavam insumos e alimentos, as condições de higiene eram precárias, entre outros absurdos. Conceição (2012) discute esses aspectos em suas pesquisas, afinal, por fora, para quem via da rua, os internatos eram lugares cheios de beleza, mas, no interior, a realidade era dura e não havia nada de beleza.

Machado (1874) conclui que os males que os estudantes dos colégios e internatos do Rio de Janeiro sofriam não estavam associados apenas às condições climáticas da cidade. Acima de tudo, a falta de higiene dentro dos internatos era o real motivo para as más condições de saúde de seus alunos.

Os diretores, muitas vezes proprietários dos internatos, defendiam-se dizendo que havia uma estrutura organizada de cuidados para os estudantes. Eles alegavam que seus estabelecimentos funcionavam em bons prédios, planejados para receberem colégios-internatos e se localizavam nos bairros mais salubres da cidade. Assim, segundo eles, essas condições protegiam os estudantes dos males provenientes da cidade.

Na carta-denúncia do aluno surdo Manoel, a exemplo do contexto histórico aqui apresentado, consta um pedido de socorro em nome de todos os estudantes surdos do Ines. Manoel pede a expulsão do diretor Manoel de Magalhães Couto e de seus familiares por ele protegidos. E esse pedido também foi encaminhado a José Joaquim Fernandes Torres, Secretário de Governo, como um apelo dos surdos.

4.4 CONSEQUÊNCIAS DA DENÚNCIA DO ESTUDANTE SURDO

https://youtu.be/jORmB5_hnN0

Após a carta-denúncia do aluno Manoel Pereira de Carvalho, houve uma intensa troca de correspondências entre as autoridades da época.

Por meio de carta registrada em 1º de abril de 1868, o inspetor indicado pelo governo imperial para o Instituto, Tobias Leite, disse que tinha reparado no aluno Manoel Pereira de Carvalho desde sua chegada no Instituto e que percebera que esse estudante surdo tratava o diretor mais como inimigo do que como professor. Segundo o inspetor, o aluno tinha um gênio violento e refratário, e estava havia mais de dez anos no estabelecimento, tempo muito acima do permitido pelo regulamento. O inspetor achava ainda que o referido aluno não devia continuar mais na escola, mas esclareceu que não era só por causa de sua idade, 19 anos, nem por sua instrução já estar completa, mas sim porque acreditava que ele era uma ameaça constante à disciplina na instituição.

Na mesma carta, o inspetor Tobias relatou que o diretor Manoel de Magalhães Couto exigiu dele que o aluno fosse preso em um quarto do estabelecimento, mas Tobias Leite achava essa ação imprudente e afirmou que o diretor estava muito desesperado. Conforme o trecho de uma carta: "O Diretor exigiu de mim a prisão do aluno em um quarto do Estabeleci-mento, opus-me a este adverti por me passar imprudente deixá-lo entregue a ação exclusiva do Diretor que não está calmo"[128].

No dia 15 de abril de 1868, Manoel de Magalhães Couto encaminhou uma carta ao Ministro e Secretário do Estado dos Negócios do Império, José Joaquim Fernandes Torres, na qual recomendava a expedição de ordem para que o aluno Manoel Pereira de Carvalho, educando no Instituto e pensionista sustentado pela província do Rio de Janeiro, fosse retirado com urgência

---

[128] ARQUIVO NACIONAL, 1º de abril de 1868, s.p.

do estabelecimento, pois nesse não podia permanecer. O diretor disse que essa recomendação se baseava não apenas nos motivos constantes da carta, mas também nos repetidos conflitos de jurisdição com o respectivo diretor.

> Acuso o recebimento do Aviso que V.Ex.ª se dignou transmitir-me com data de 7 do corrente, no qual me recomenda a expedição de ordem para que o aluno Manoel Pereira de Carvalho, que se está educando no Instituto dos Surdos Mudos, a custa desta Província seja retirado deste estabelecimento onde não pode continuar a permanecer, não só pelos motivos constantes da carta por V.Ex.ª dirigida ao meio antecessor, como também porque tem provocado repetidas conflitos de jurisdição com o Diretor respectivo. Em resposta tenho a honra de declarar a V.Ex.ª, que ao Chefe de Polícia, esta Presidência já expediu ordem, que nesta data reitero, para descobrir onde reside a família daquele aluno, a quem deve ser entregue, não podendo ele ser retirado desde já daquele Instituto por não haver lugar onde seja recolhido[129].

O mesmo diretor solicitou ao Chefe de Polícia que expedisse ordem à presidência da província do Rio de Janeiro, em 13 de abril de 1868, para que se investigasse o local de residência da família do aluno Manoel Pereira de Carvalho, com o objetivo de entregá-lo a ela.

O presidente da província do Rio de Janeiro concordou com a solicitação do diretor, Manoel de Magalhães Couto, conforme o trecho da carta da resposta:

> [...] a necessidade de ser quanto antes retirado do mesmo Instituto o aluno Manoel Pereira de Carvalho, que é pensionista dessa Província, porque continua a ser naquele Estabelecimento um elemento constante de desordem, desrespeitando sempre não só o mesmo Diretor, mas também os demais empregados, a podendo dar-se a todo o momento um conflito de consequência grave, no caso de que regresse ao Instituto[130].

O presidente afirmou, ainda, que a pensão do referido aluno precisava ser retirada quando ele não estivesse mais no Instituto, pois o diretor Manoel de Magalhães Couto informou que o referido aluno estava trabalhando no Beco dos Ferreiros nº 23 como carpinteiro.

Em carta registrada no dia 10 de maio de 1868, o diretor Manoel de Magalhães Couto informou que o aluno Manoel Pereira de Carvalho

---

[129] ARQUIVO NACIONAL, 15 de abril de 1868, s.p.
[130] ARQUIVO NACIONAL, maio de 1868, s.p.

vinha abusando o máximo possível da paciência da administração. Além das contínuas desatenções ao diretor e empregados, esse aluno fazia-lhes frequentes ameaças, desrespeitando as regras internas e até a moralidade.

> Participo a V. Ex.ª que o aluno do Instituto o meu cargo Manoel Pereira de Carvalho, tem abusado o quanto há possível da paciência da administração do estabelecimento: além das contínuas desatenções ao Diretor e empregados e frequentes ameaças ao Diretor de destituição e de expulsão a seus próprios colegas, opondo-se as regras internas e à disciplina do Instituto e até a moralidade dos empregados. Saiu hoje às 5 1/2 horas da manhã e soltou às 3 horas da tarde e de novo acaba de retirar-se as 7 1/2 horas da tarde. A administração do Instituto não tem, diante de tal fato, outra providência a tomar senão a de comunicá-lo à Sabedoria de V.Exa[131].

Além disso, o diretor informou que o aluno fugiu do estabelecimento sem que o inspetor Tobias Leite pudesse descobrir o motivo. Atribui-se a fuga à indisposição do aluno com o diretor, que solicitou a um de seus serventes que fosse procurá-lo.

> Não pude descobrir a causa que determinou a fuga do aluno de que trata este ofício, pois que dar indagações à que procedi nenhum fato novo se deu, que em saída [...]. Acredito que a indisposição que este aluno tem contra o Inspetor ultimamente nomeado, e o desespero em que ele se acha para sair do Instituto o levarão a praticar a ato que praticou. Logo que cheguei ao Instituto mandei um dos serventes procurá-lo, com ordem de, se não poderia trazê-lo ao Instituto avisar a mim, ou o Diretor para irmos buscá-lo e consegue[132].

Manoel de Magalhães Couto informou que, se o aluno Manoel Pereira de Carvalho tentasse fugir pela segunda vez, não o aceitaria mais no estabelecimento. O mesmo diretor disse que o aluno poderia começar a trabalhar em uma oficina ou poderia ser remetido a uma pessoa de confiança do juiz municipal de Bananal, da província de São Paulo[133] ou o entregaria ao

---

[131] ARQUIVO NACIONAL, 10 de maio de 1868, s.p.

[132] ARQUIVO NACIONAL, 11 de maio de 1868, s.p.

[133] O diretor Manoel de Magalhães Couto citou o nome da cidade, pois ele é natural daquela cidade, também há muitos parentes que residem lá na mesma época, como fazendeiros, políticos e tenentes. Percebe-se que alguns registros como lista de passageiros, o Manoel e sua família sempre viajam e passam via Angra, Rio de Janeiro durante as férias escolares.

Tenente-Coronel José de Magalhães Couto[134] para entrega-lo ao pai, que residia perto do município de Barra Mansa, na província do Rio de Janeiro.

No entanto, Tobias Leite respondeu, em ofício, no dia 11 de maio de 1868, que nenhuma decisão do diretor podia ser tomada sem o prévio consentimento do presidente da província do Rio de Janeiro, da qual o aluno era pensionista. Ainda assim, acreditava que a retirada do aluno era necessária, pois, além de constrangido, ele vivia em constante desarmonia com o diretor e os empregados no Instituto.

Em outro documento, registrado em 13 de maio de 1868, Tobias Leite informou que Manoel Pereira de Carvalho evadiu a escola e, ao retornar, foi questionado pelo próprio inspetor por que ele estava causando tantos problemas. O aluno então respondeu que não queria estar mais no Instituto e que queria ganhar dinheiro, mostrando em seguida papel e objetos que havia comprado com dois mil réis que recebera por mover uma roda em uma fábrica, a qual, no entanto, não soube dizer onde estava localizada.

> Neste momento acaba de chegar a este Instituto, remetido pelo Chefe de Polícia da Corte, o aluno Manoel Pereira de Carvalho, que se havia evadido na noite de 10 do corrente. Interrogado por mim sobre os motivos por que se evadiu, respondeu-me que não queria mais estar no Instituto, onde residia há 10 anos, que estava homem, e queria ganhar meios de vida, e com gesto de triunfo mostrou dois mil reis em papel, e objetos que havia comprado na importância de 10$, que havia ganho movendo uma roda em uma fábrica, que não soube dizer onde situada. Aconselhado para que ficaria quieto no Instituto, até que seu pai o viesse receber, respondeu que não queria ir com o pai, porque na roça, onde ele mora ganha-se pouco dinheiro, e de novo mostrou os lucros da evasão que fez. Não posso crer que em dois dias o aluno ganhasse salários na importância de 12$, por isso presumo que recorro a caridade pública. De assim foi, é mais uma razão, além das que expor a V.Ex.ª em meus ofícios anteriores, para que seja retirado quanto antes do Estabelecimento, pois que no estado em que se acha o espírito deste aluno não se pode, nem convém, constrangê-lo a permanecer no Instituto[135].

Tobias Leite aconselhou o aluno que ficasse quieto no Instituto, até que seu pai o viesse receber. Mas o aluno Manoel respondeu que não

---

134 Irmão mais velho de Manoel de Magalhães Couto.
135 ARQUIVO NACIONAL, 13 de maio de 1868, s.p.

queria ir com o pai, por achar que, na roça, onde moraria, ganharia pouco dinheiro. Em seguida, mostrou novamente o dinheiro, insinuando que, no Rio de Janeiro, conseguiria ganhar um bom salário.

Além disso, Tobias solicitou ao diretor do Instituto para que o aluno ficasse no prédio até que as providências necessárias fossem tomadas para que ele fosse retirado. O diretor Manoel de Magalhães Couto acatou o pedido e tomou todas as providências requisitadas.

Cinco dias depois, Manoel de Magalhães Couto informou que o aluno surdo Manoel não cedeu às promessas da escola e se ausentou às 4 horas da tarde do dia 18 de maio de 1868. No dia seguinte, o secretário Netto Machado despachou, informando a Tobias Rabello Leite que estava autorizado verbalmente pelo presidente da província do Rio de Janeiro a tomar as providências necessárias para que o aluno Manoel Pereira de Carvalho fosse entregue à sua família o quanto antes ou fosse empregado em qualquer oficina.

Tobias Leite comunicou a José Joaquim Fernandes Torres, em carta registrada em 21 de maio de 1868, que Manoel Pereira de Carvalho evadiu o Instituto novamente, e informou que o vice-presidente da província do Rio de Janeiro prometeu que, em um prazo de oito dias, o aluno seria remetido ao delegado do município de Barra Mansa, a fim de ser entregue à família. Em caso de não cumprimento, ele seria mandado ao juiz de órfãos de Niterói.

Em 23 de maio de 1868, o inspetor Tobias Leite informou que um policial prendeu Manoel Pereira de Carvalho, pois esse pedia esmolas no Largo do Paço e arredores.

> O aluno Manoel Pereira de Carvalho chegou ontem a este Instituto acompanhado por um policial que o prendeu no Largo do Paço, em cujas cercanias pedia esmola, como se vê no cartão inclusive por ele escrito para apresentar a todos. Era justamente o que [...]; e que procurava evitar para que a imprensa não dissesse que um aluno do Estado vagava mendigando pelas ruas. Procurei persuadir o aluno de que dentro de oito dias ele sairia do Instituto para trabalhar e ganhar dinheiro, que era o seu único pensamento; entretanto recomendei a este Instituto toda a paciência com ele para que não houvessem conflitos[136].

O aluno surdo, então, estava pedindo esmola nas ruas, mostrando um cartão escrito por ele. Tobias Leite não queria deixar a imprensa saber

---

[136] ARQUIVO NACIONAL, 23 de maio de 1868, s.p.

do ocorrido, para não gerar polêmica, pois, sendo um aluno do estado, ele não poderia estar vagando e mendigando pelas ruas. Então, o aluno voltou para a escola, acompanhado por um policial, e Tobias Leite insistiu para que ele ficasse durante oito dias no Instituto, porém o aluno surdo Manoel não desejava permanecer, pois só pensava em ganhar dinheiro. O inspetor recomendou à direção e aos empregados do Instituto que tivessem paciência com ele enquanto aguardava o fim do período determinado.

No dia 5 de junho de 1868, a polícia informou que encontrou a mãe dos dois estudantes, Manoel Pereira de Carvalho e Maria Pereira de Carvalho, no município de Barra Mansa, no Rio de Janeiro. Ela era extremamente pobre e tinha sido abandonada pelo marido, mas afirmou que queria receber seus dois filhos. Na sequência, a polícia consultou se deveria levar os dois irmãos ou se levaria apenas um deles para sua família.

> Segundo informações que o Chefe de Polícia intermeio prestou em ofício datado de hoje, chegou à descobrir-se na Barra Mansa, a mãe dos pensionistas da Província, o Manoel Pereira de Carvalho e sua irmã Maria Pereira de Carvalho, recolhidos ao Instituto dos Surdos-Mudos, a qual, embora que extremamente pobre e abandonada pelo marido, declarou querer receber esses dois filhos. Se, V.Ex.ª, pois, em sua sabedoria julgar conveniente que desde já sejam-lhe entregues aqueles alunos, ou pelo menos o 1º deles, em virtude da posição hostil em que se colocou [...] com o chefe do Instituto, rogo a V.Ex.ª que se digne mandar apresentá-los nesta Secretaria, que de ordem da Presidência e por intermédio do Chefe de Polícia, lhes darei o conveniente destino.[137]

Outro documento, registrado em 8 de junho de 1868, uma carta escrita pelo diretor Manoel de Magalhães Couto para José Joaquim Fernandes Torres, relata os problemas dos alunos, principalmente Manoel Pereira de Carvalho. O diretor aproveitou para revelar mais detalhes sobre o referido aluno, como o fato de que o menino tinha levantado a mão contra o diretor, contra seu mestre e contra a ordem em geral, conforme o trecho da carta:

> A inconveniência da continuação desse [...] no Instituto não ficava somente no que ele podia fazer-me, mas nos princípios, nas ideias errôneas e nos maus conselhos que ele transmitia a dois de seus companheiros de índole igual à dele. Voltou ele para o estabelecimento, mas para desaparecer dias depois. Este aluno levanta a mão contra o Diretor, foge, faço-o voltar

---

[137] ARQUIVO NACIONAL, 5 de junho de 1868, s.p.

> para o Instituto, foge de novo, [...] remetido, recebo-o e fica no estabelecimento à solta, entregue a si, sem dar contas a ninguém, [...] pelos vizinhos, firma diante dos empregados que não [...] ao menos adverti-lo, e, depois de tudo, impune e sem receber o menor castigo ou sequer a menor prova de desagrado, não é um quadro vivo de insubordinação para os outros, não é um exemplo vivo de que eles tudo podem fazer e tentar impunemente? Decerto que sim, e poderá o Diretor à vista de tais princípios evitar que outros dois alunos de [...] igual, façam o mesmo? É de esperar [...] mais tarde e decerto que o Diretor não poderá evitar.[138]

Manoel de Magalhães Couto nos revela que não é fácil acompanhar um estudante durante sua trajetória escolar, principalmente em um caso como o de Manoel Pereira de Carvalho, que estava na instituição há dois meses nessa situação. Couto comenta que o aluno, no tempo em que ficou na escola, parecia um líder dos alunos surdos, sempre os influenciando com suas ideias erradas e que os demais copiavam suas ações. Couto conta que Carvalho sempre fugia da escola e quando era trazido, fugiu outra vez. Além disso, sempre se mostrava disposto ao enfrentamento contra a direção da escola, brigava com o diretor, fugia, voltava para escola e fugia novamente.

Por esse motivo, Manoel de Magalhães Couto insistiu em conter Manoel Pereira de Carvalho, a fim de que não fugisse mais, mantendo-o sob forte vigilância. Apesar disso, o aluno continuava com enfrentamentos e por isso levava muitas advertências, cujo objetivo era mostrar que ele era um mau exemplo para o restante. O diretor relata que Carvalho se tornara um líder e por isso temia sua influência negativa sobre os demais. Por essa razão, Couto pediu que Carvalho fosse retirado urgentemente da escola, sob o argumento de cessarem os problemas gerados pelas insubordinações.

> [...] porquanto sou o juiz competente, mas com rigor aquele que perverso desrespeitar-me e levar a sua ousadia e impunidade a dar-me epítetos [...] pouco honrosos como ontem aconteceu. O aluno João Flávio de Azevedo nas ocasiões, em que tem estado ausente o aluno Carvalho, mostra-se muito obediente, satisfeito e amigo da disciplina e do estudo; mas excitado pela presença sobranceira e pelo olhar animador daquele, atreveu-se a atirar ao seu mestre e seu Diretor um objeto [...] que me desagradou[139].

---

138 ARQUIVO NACIONAL, 8 de junho de 1868, s.p.
139 ARQUIVO NACIONAL, 8 de junho de 1868, s.p.

Em outro trecho da mesma carta escrita pelo diretor, ele menciona, como na passagem citada anteriormente, que percebeu a relação entre os colegas surdos Manoel Pereira de Carvalho e João Flávio de Azevedo[140]. E que quando Carvalho estava presente, Azevedo o obedecia. Mais precisamente, segundo Couto, bastava um olhar entre eles para que Carvalho conseguisse influenciar Azevedo a fazer algo errado. Em uma ocasião, por exemplo, influenciado por Carvalho, Azevedo jogou um objeto no professor, o que o deixou muito magoado.

O diretor contou que conhecia João Flávio de Azevedo e que, na ausência de Carvalho, ele era obediente, estudioso e educado. No entanto, na presença de Manoel Pereira de Carvalho, Azevedo se comportava de forma diferente, pois era influenciado por ele.

> Tendo-lhe eu mandado para o escritório e privado-o [...] de recreio com tarefa art.º 17 do regimento; veio ao escritório; mas negou-se à tarefa que lhe impus, insisti para que me obedecesse, avançou-me a garganta, teria me estrangulado si tivesse forças para isso, felizmente que não, e subjuguei-o eu; quando o aluno Carvalho quis romper por entre os mais alunos e empregados para vir sobre mim; é um fato Insp. que [...] de relatá-lo, mas faço-o à V.Ex.ª como meu chefe e peço licença para não fazê-lo oficialmente. Não entro em detalhes e muito [...] precisava dizer mas não [...], acho-me adoentado; a minha saúde, Insp., física, moral e intelectual tem sofrido e se deteriora [...] do muito este dois meses e é a razão porque os meus oficios não são feitos com a [...] e a atenção que me [...] V. Ex.ª[141].

Em outro caso, o diretor narrou que Manoel Pereira de Carvalho foi muito insubmisso e agiu com recusa quando solicitado para que fizesse as atividades escolares. Foi, inclusive, alertado que essas deveriam ser realizadas em observância às regras da escola, mas que de nada adiantou, pois ele não as fez. O diretor contou então que, em um desses episódios, após ser confrontado, Manoel Pereira de Carvalho o agarrou pelo pescoço tentando estrangulá-lo. Manoel de Magalhães Couto diz que o aluno Manoel apertou seu pescoço com muita força, mas que o diretor conseguiu se livrar do ataque.

---

[140] Nasceu em Niterói, no Rio de Janeiro, e veio de uma família pobre. Ingressou no Ines no dia 5 de abril de 1859. Em 1867, foi o único sobrevivente dentre cinco alunos que contraíram doenças graves. Seu pulmão direito chegou a ser novamente afetado depois de ter tratado o esquerdo. Concluiu os estudos aos 18 anos, pois o diretor Tobias Leite julgou sua instrução suficiente para se comunicar por escrito. Depois, foi contratado como despenseiro até 1871.

[141] ARQUIVO NACIONAL, 8 de junho de 1868, s.p.

Nesse contexto, o diretor Couto relatou que o aluno Carvalho tomava essas atitudes a fim de provocar separação entre alunos e funcionários por meio da insatisfação com o diretor. Couto complementa dizendo que muitas outras intercorrências aconteceram envolvendo Carvalho, por isso pedia com urgência que essa questão fosse resolvida, pois já havia dois meses de permanência desse aluno com esses problemas.

Tobias Leite informou, em uma carta registrada em 13 de junho de 1868, que o inspetor apresentou Manoel Pereira de Carvalho e sua irmã Maria Pereira de Carvalho à secretaria da presidência da província. O aluno surdo foi entregue ao secretário do governo, responsável por levá-lo para casa da família, mas a irmã não foi junto, pois Tobias achou que seria inconveniente entregar uma moça de 19 anos de idade aos dois soldados que deveriam acompanhar os alunos até Barra Mansa. Por isso, Tobias Leite conservaria essa aluna com a família dele até que o vice-presidente tomasse as devidas providências.

Não houve mais informações sobre a vida desses dois alunos e irmãos após deixarem o Instituto.

> Cumprindo o Aviso de V.Ex.ª de 9 do corrente mês apresentei os alunos deste Instituto Manoel, e Maria Pereira de Carvalho na Secretaria da Presidência da Província do Rio de Janeiro. O aluno Manoel ficou entregar ao Secretário do Governo para fazê-lo seguir para a casa de seus pais na Barra mansa. A aluna não ficou entregar porque, parecendo à mim e ao secretário que havia grande inconveniente em entregar uma moça de 19 anos de idade a dois soldados policiais, que devem acompanhar os alunos para a Barra Mansa, pediu o mesmo Secretario que a conservasse na casa de minha família até que, chegando o para Vice Presidente da Província, resolvesse o que fazia conveniente. Préstimo ao pedido do Secretário, e a aluna ainda hoje está com minha família[142].

Após a análise dos documentos sobre esse assunto, pode-se concluir que existe uma relação de poder, de hierarquia, entre os alunos e o diretor da instituição. Esse tipo de conflito acontecia também em outras instituições, como internatos. Todavia, o aluno surdo Manoel, que denunciou, era maior de idade, com 19 anos, acima do regulamento permitido. Há que se falar também da relação de poder que existe entre surdo e ouvinte. No caso aqui representando, há a autoridade ouvinte. Percebe-se que as pessoas

---

[142] ARQUIVO NACIONAL, 13 de junho de 1868. s.p.

ouvintes tinham mais poder, especialmente na tomada de decisões sobre os surdos. Acredito que isso se devia ao fato de que, naquela época, os surdos não eram valorizados, sendo, assim, vistos como inferiores em relação às demais pessoas da sociedade.

A história dos surdos e das pessoas com deficiência é marcada por forte exclusão e isolamento. Grande parte da sociedade ainda vê o surdo como incapaz, bem como um sujeito anormal que tem defeitos e deve ser banido. Além disso, as trajetórias dessas pessoas acumulam muitas experiências de violência, assim como de preconceito sobre o fato de serem surdas.

Nesse contexto, Januzzi (2012) afirma que o sistema europeu exerceu forte influência ideológica, a partir do Renascimento, na área médica, criando inclusive escolas de surdos sobre orientação clínica de caráter filantrópico e assistencialista, o que explica a história dos colégios-internatos aqui no Brasil. No que tange a essas instituições, o Ines é bastante representativo de como o ambiente criado para esses atendimentos específicos poderia funcionar.

Conforme Silva (2012), Mello (1917) e Januzzi (2012), na época imperial, a sociedade concebia as pessoas com deficiência como seres inferiores. Além disso, a escola, os professores, os médicos, os governantes e os políticos compreendiam as pessoas com deficiência como seres "anormais" em relação ao quesito inteligência. No que tange à avaliação realizada sobre os alunos com deficiência, essa era composta por uma prática simples, que consistia em uma observação por parte de médicos e professores, os quais se detinham apenas em processos cognitivos de atenção e de memória dos alunos. Para mais, esses alunos eram comparados com outros da mesma idade e conduzidos à segregação de grupos mistos.

As escolas em que esses alunos estudavam eram sempre distantes e, apesar de os governantes estabelecerem algum tipo de auxílio, eles nunca foram prioridades. Por vezes, muitos dos alunos sentiam as agruras provocadas pela distância de sua família, pois permaneciam em sistema de internato na instituição, com contatos restritos apenas a colegas e professores. Alguns deles conseguiam visitar a família apenas nas férias.

Vimos anteriormente que, de acordo com inúmeros pesquisadores, as pessoas com deficiência e os surdos eram compreendidos como inferiores e segregados em razão disso. No entanto, apesar desse entendimento, vemos no episódio da carta-denúncia elaborada em meados de 1868, período marcado por forte desigualdade, que, contra todas as expectativas, um aluno surdo teve coragem para se posicionar e manifestar sua voz. Em outras palavras, ao escrever a carta-denúncia, esse aluno apresentou sua voz como pessoa surda.

Vale lembrar do que nos adverte Ladd (2013); segundo ele, os surdos, que outrora foram vítimas do Ouvintismo, que, por muitos anos, gerou sofrimento, decidiram romper com as arbitrariedades e se posicionar, a fim de mostrar sua voz. Sobre isso, podemos dizer que a carta-denúncia, como um documento raro, foi uma forma de posicionamento do aluno surdo, visando apresentar sua voz em relação ao que estava acontecendo naquele momento com os surdos e o diretor.

A título de exemplo, recupero o fato de que o estudante surdo em questão já tinha 19 anos e era independente, porém, mesmo assim, a decisão de continuar ou não na instituição era tomada pelos ouvintes, que exerciam a autoridade naquele momento. É como se o estudante fosse fugir por já ter atingido a maioridade e, por isso, devesse ficar confinado até ser entregue à sua família, de modo a resolver o problema da instituição.

Diante do exposto, presume-se que essa forma de tratamento era comum por conta da mentalidade das pessoas da época, o que é muito diferente de hoje. Naquele período, deficientes, mulheres e negros não tinham direitos. Por isso, um surdo de 19 anos, mesmo com a maioridade, não era considerado autônomo.

O aluno surdo escreveu uma carta-denúncia pedindo a expulsão do diretor. Esse documento foi como um pedido de socorro em relação aos diversos e contínuos maus-tratos que ele e sua turma estavam passando naquele momento. No entanto, apesar da queixa, a legitimidade para a resolução desse problema foi atribuída a Tobias, assim como ao governo. No entanto, ambos fizeram pouco caso diante das graves acusações. Além disso, expulsaram o denunciante e sua irmã da instituição sob o argumento de maus comportamentos. Alegaram, ainda, que a saída forçada deles era justificável, uma vez que eles eram maus exemplos e poderiam influenciar negativamente os demais alunos.

Assim, a análise desse e de outros documentos revela uma concepção ouvintista nessas situações. Tal concepção é percebida nas práticas opressoras às quais os surdos foram submetidos, sendo impedidos de expressar suas opiniões em questões que os envolviam (SKLIAR, 2013). Em outras palavras, é o que podemos chamar também de Audismo, pois pode-se ver nos documentos analisados que os surdos não tinham direito a opinar sobre suas próprias vidas. Vimos que um aluno surdo apresentou uma carta expondo a situação, porém não foi aventada a possibilidade de se investigar outras fontes de informação, que corroborassem com sua pesquisa. Foram feitas acusações e houve o desmerecimento de suas colocações, atribuindo todo o problema exclusivamente ao próprio aluno surdo. Percebe-se que não há documentos que atestem que o governo realizou alguma conversa com o aluno, algo que comprovaria uma prática diferente e que caracterizaria um diálogo com o intuito de resolver o problema apresentado. O governo poderia ter apurado outras informações sobre o tema a fim de encontrar os responsáveis, porém preferiu acreditar apenas na versão da direção do estabelecimento, o que culminou com a expulsão dos alunos envolvidos.

Naquela época, a compreensão sobre os surdos era diferente da de hoje. Existia uma forma antiquada de pensamento que via o surdo como um "coitadinho" e isso impactava em sua autonomia e desenvolvimento.

Percebo que toda essa revolta de Manoel Carvalho se deu em decorrência das várias situações em que foi ignorado. Embora acredite que ele tenha exagerado em seus momentos de inquietação, pois chegou a agredir e até mesmo tentar estrangular o diretor, destacou que não foi apenas o aluno que cometeu erros, pois falhas também aconteceram por parte da direção da instituição, posto que promoveu castigos e diversas ordens de maus-tratos.

Percebe-se que existia uma forte tensão instalada entre eles no âmbito da escola. A autoridade resolvia problemas estruturais, mas, nesse período, em que Manoel de Magalhães Couto era diretor, ele já reclamava das mais variadas funções que exercia por conta de seu cargo, como o cuidado dos alunos, a gestão administrativa, financeira e pedagógica da instituição, entre outras. Penso que esse acúmulo de trabalho, somado às situações que precisava resolver com Manoel Pereira de Carvalho, acabou por fazer eclodir todos os problemas de uma só vez. É importante ter em mente que, antes desse período, a instituição não contava com o apoio do governo para resolver problemas, o que tornava ainda mais complexa essas questões estruturais.

Havia muitos problemas estruturais e reclamações em razão disso. Durante um ano, entre 1867 e 1868, houve diversos confrontos e confusões, até que o governo começou a perceber essas e outras questões como omissões de informação. Por isso, chamou o inspetor Tobias Leite para visitar a instituição, que acabou por solicitar ao governo nova organização estrutural do estabelecimento e determinar que a direção e o ensino fossem funções atribuídas a pessoas diferentes.

> Em rotina administrativa, ainda em 1868, buscando notícias do trabalho desenvolvido pelo Instituto e não conseguindo, Fernando Torres, então Ministro do Império, designou o chefe da Secção da Secretaria de Estado, Dr. Tobias Rabello Leite, para fazer um relatório sobre as condições do Instituto. O resultado foi a constatação de que não havia ensino, e sim apenas uma casa que servia de asilo aos surdos. Agravado pela crise com os alunos, como vimos acima, o Diretor Manoel de Magalhães Couto foi exonerado e em seu lugar assumiu interinamente o Dr. Tobias, que já atuava na Instituição. (ROCHA, 2018, p. 22).

Assim, Leite se tornou Diretor Provisório e Manoel Couto passou a trabalhar apenas como professor. A separação das funções teve os objetivos de evitar que os profissionais ficassem sobrecarregados como antes e permitir a realização de um trabalho mais efetivo, melhorando assim toda a estrutura da instituição.

Outro ponto é que Manoel de Magalhães Couto pensou em deixar a instituição, o que não foi aceito, pois ele tinha experiência e conhecimento da área e dos conteúdos que deveriam ser ensinados. Dessa maneira, era o único habilitado a ensinar surdos(as) em território nacional, o que dificultaria a tarefa de achar um substituto para sua posição. Nessa ocasião, foi solicitado, então, que o ex-diretor ensinasse outros professores que seriam contratados. Dessa forma, ele permaneceu.

Finalizando este capítulo, vale lembrar que a investigação deste trabalho se detém, especialmente, no período que vai da criação do Ines até o fim da gestão de Manoel de Magalhães Couto. Além disso, a análise da carta-denúncia elaborada por um aluno surdo se desdobra na destituição de Magalhães Couto, transformando-o em professor e o fiscal da época em diretor. É importante lembrar também que, apesar do recorte dessa pesquisa, o trabalho se vale de diversos outros documentos históricos que contribuem para os debates aqui realizados.

5

CONSIDERAÇÕES FINAIS

https://youtu.be/YniryclxwRM

Ao concluir esta pesquisa, reiteramos que foram apresentados elementos significativos, que nos ajudam a compreender, estudar, pesquisar e conhecer o processo histórico das pessoas surdas, assim como da comunidade surda. Analisamos o contexto histórico, as condições educacionais e sociais dos(as) primeiros(as) estudantes surdos(as) que frequentaram o atual Instituto Nacional de Educação dos Surdos (Ines), entre 1856 e 1868.

Pode-se comparar a elaboração de um trabalho à montagem de um quebra-cabeça, isto é, uma imagem ou figura que se forma pela combinação ordenada de peças menores. No entanto, embora pareça fácil, esse tipo de jogo requer atenção apurada com o intuito de juntar, exatamente, as peças que se combinam. De igual forma, podemos pensar metaforicamente que o trabalho com fontes históricas é um verdadeiro quebra-cabeças, pois as "peças", ou seja, os documentos, encontram-se arquivados em diversos lugares, como arquivos, escolas, casas de famílias e outros espaços. Nesse contexto, o pesquisador precisa partir em busca dessas informações, que nem sempre são completas, e analisá-las, a fim de encontrar os elementos que possibilitam descobrir o paradeiro de outro documento e, ao encontrá-lo, comparar, para verificar se estabelecem alguma relação com o outro, de acordo com determinado contexto histórico.

Na elaboração desta obra, deparei-me com diversos documentos encontrados no Arquivo Nacional, na Biblioteca Nacional e no próprio Ines, mas, apesar da variedade de registros encontrados, e que anseiam por investigação, tive que realizar um recorte para minha pesquisa e me ater ao objeto do meu trabalho. Diante da difícil escolha frente a inúmeros documentos com que me deparei, optei pelo período de 1867 a 1868, especialmente para aprofundar na análise das discussões e me debruçar nos acontecimentos daquele momento em que alguns episódios marcantes ocorreram, como a morte de estudantes surdos no Ines em razão da ausência de políticas sanitárias, além da alta taxa de mortalidade infantil, castigos e fuga de estudantes. Em outras palavras, diversas situações de violência e sofrimento acometiam os alunos surdos.

Os registros históricos fornecem importantes informações a respeito do processo histórico das pessoas surdas e como elas viviam em outros tempos. Estou ciente de que existem diversos registros históricos que tratam dos surdos, porém eles ainda precisam ser pesquisados e analisados por meio de leitura e estudo minucioso, a fim de desvelar suas situações. Também é verdade que há diversas fontes históricas já disponíveis, mas que ainda necessitam de aprofundamento. Em outras palavras, esse trabalho de investigação é relevante, pois nos ajuda a tecer e construir uma narrativa histórica sobre as pessoas surdas com maior detalhamento.

Devemos ter em mente que se assumirmos a postura de deixar de lado os registros ainda não pesquisados e/ou não encontrados, estaremos corroborando com o apagamento histórico que isso proporciona, uma vez que muitos surdos e surdas não conhecerão sua própria história, fazendo com que se sintam esvaziados, ou pior, inocentemente, acreditando que essa história nunca existiu. Como os surdos conhecerão sua história se apenas tiverem contato com suas experiências no presente? Se não olharem para o passado, como saberão o que aconteceu na história de vida de surdos de outros tempos?

A história da educação de surdos é sempre apresentada de forma dicotomizada e conflituosa. Por um lado, mostra uma história marcada pelo oralismo e pelo grupo que o defende. Por outro lado, trata-se de uma história contada pelos defensores da língua de sinais. Em outras palavras, essa é uma história repleta de confrontos, que remontam os tempos do congresso de Milão, no qual houve um grande embate acerca da escolha do melhor modelo de educação para surdos. Por isso, defendo que, com o aumento das pesquisas realizadas com esses registros históricos ainda não pesquisados, haverá uma ampliação na área dos estudos sobre a história dos surdos, pois será possível a existência de diversas perspectivas históricas e não apenas um único foco no embate dicotomizado, como tem sido até o momento. É necessário entender a relevância de se compreender os aspectos sociais, culturais e políticos que constituem a vida dos surdos de outras épocas, bem como procurar interpretar os elementos que compõem cada contexto situado nos períodos históricos em que os surdos viveram e de que forma esses processos foram se alterando ao longo do tempo.

A criação do Ines está fortemente ligada ao contexto histórico nacional e internacional de sua época. Nesse sentido, cabe lembrar de Edouard Huet, surdo francês que teve sua trajetória escolar construída na escola de surdos francesa, além de ter sido influenciado pelas ideias sobre a língua de sinais correntes em sua época, as quais decorriam das ideias defendidas por l'Épée. Após um longo período de aprendizagem na escola de surdos francesa, Huet viajou para o Brasil e ajudou a difundir a língua de sinais por aqui, o que, por sua vez, contribuiu para a fundação da primeira escola de surdos do país. Isso atraiu muitos estudantes surdos, o que, com o passar de longos anos, contribuiu para a elaboração e a difusão da Libras até os dias atuais.

Outro contexto histórico sobre o Ines digno de nota diz respeito à reforma educacional brasileira, que remonta ao mesmo período da fundação do Ines, denominada Reforma Couto Ferraz. Essa reforma foi proposta pelo então ministro imperial que tinha como intuito a promoção da educação e saúde, assim como a abertura de diversas escolas partindo de um modelo francês de educação, o qual, naquela época, era uma das principais referências internacionais em relação a sistemas de educação. Foi nesse cenário que Huet veio ao Brasil e recebeu apoio do governo imperial para fundar a primeira escola de surdos da história do país, que existe até os dias de hoje.

O recorte histórico da pesquisa desta pesquisa é de 1856 a 1868, período que remonta a criação e os primeiros anos de existência do Ines. Desde sua fundação o Instituto enfrentou inúmeras adversidades, como mudanças de diretores, embates com a Comissão Inspetora do governo da época, problemas com professores, revoltas dos(as) estudantes surdos(as), escassez de orçamento, implantação de reformas, assim como problemas de regulação e estrutura. Percebe-se que os(as) primeiros(as) estudantes surdos(as) enfrentaram as crises ocorridas no Instituto nessa época; outros(as) morreram por estarem doentes, além dos(as) que desistiram de estudar por motivos particulares. No entanto, apesar de um início turbulento, o Ines permanece firme e forte até os dias de hoje, tendo se tornado um marco nacional pelo seu importante papel na difusão da língua de sinais e da cultura surda em nosso país, além de ser uma importante referência para a comunidade surda brasileira.

Este trabalho apresentou dados inéditos, bem detalhados, assim como informações novas a respeito dos(as) estudantes surdos(as) do Ines que estudaram no período de 1856 a 1868. Nesse contexto, conhecer o perfil e o protagonismo de estudantes surdos(as), assim como sua biografia, permite-nos saber as particularidades de cada um(a) e de que maneira elas se relacionam com seu processo educacional como estudantes do Ines. Os dados revelam que havia estudantes surdos(as) oriundos(as) de diversas regiões do Brasil, todos(as) eles(as) de diferentes estados com o mesmo objetivo, que era estudar nessa instituição. Após terminarem seus estudos, retornavam para seus estados de origem.

As pesquisas aqui realizadas mostraram que dos 43 estudantes surdos que ingressaram no período de 1856 e 1868 no Ines, a maioria era do sexo masculino, nascida no estado de Rio de Janeiro, recebia pensões do governo imperial e permanecia mais de seis anos estudando no Instituto, o que extrapolava o tempo de permanência permitido no regulamento. Não obstante, muitos estudantes não conseguiam concluir os estudos, seja por motivo de falecimento, seja porque eram retirados pela família ou pela própria direção do Ines.

No que tange ao perfil dos(as) estudantes surdos(as), verificamos a existência de diferentes tipos: estudantes que pertenciam a famílias pobres ou ricas; alguns eram órfãos; outros tinham irmãos surdos; alguns vieram de outros estados muitos distantes etc. No entanto, apesar da grande diversidade de estudantes, todos tinham um objetivo em comum: estudar na única escola brasileira para surdos à época, o Ines.

Ainda nessa esteira de pensamento, um acontecimento interessante foi a elaboração de uma carta-denúncia por um aluno surdo, na qual ele relatou os maus-tratos praticados pelo diretor da época, Manoel de Magalhães Couto. Nessa carta, constam vários relatos de violência física e psicológica, bem como diversos conflitos entre os(as) estudantes surdos(as) e o referido diretor. Além disso, o documento retrata a precariedade estrutural da instituição no período entre 1867 e 1868. Todas essas denúncias, somadas a outros episódios de conflitos, tentativas de fuga, mortes de estudantes e castigos, surtiram efeito, fazendo com que o diretor Manoel de Magalhães Couto fosse destituído do cargo e reconduzido apenas à função de professor, concedendo ao fiscal Tobias Leite a função de diretor do Instituto. Por outro lado, o estudante surdo que o denunciou foi expulso e retornou para a casa de família, com sua irmã.

Diante do exposto, vale dizer que a análise desses documentos me permitiu inferir e compreender a situação dos estudantes surdos na época imperial, assim como de outras minorias contemporâneas que, como os surdos, também passaram por situações de sofrimento. De fato, os surdos tiveram seus direitos negados em relação aos ouvintes e, de forma similar, os negros em relação aos brancos. Contudo, atualmente, podemos observar que, depois de tantos anos de história, apesar de uma trajetória de agruras, mesmo com dificuldades, nós, surdos, conseguimos nos posicionar em relação às arbitrariedades, repletas de preconceito e perpetuadas há muito tempo, uma vez que a forma de pensar daquela época se modificou nos dias de hoje.

Nesse contexto, ressalto o papel das pessoas surdas em assumir o desafio de movimentar questões relacionadas a elas em suas cidades e estados. Ainda há muitos problemas e inquietações a serem respondidas, por isso é importante uma ampliação de pesquisas nessa área. Com esse trabalho, pretendi justamente abordar muitos temas ainda não investigados. Enfatizo a necessidade de as pesquisas futuras não ficarem concentradas apenas no Ines. Antes, porém, devem focar em lugares e épocas diferentes, a fim de apresentarem mais informações que contribuam para um maior entendimento da história dos(as) surdos(as) em nosso país.

Nesse sentido, o trabalho com esse grande "quebra-cabeça" é desafiador, pois, ao encontrar um dado, muitas vezes identificamos apenas uma parte de uma informação. Quando isso acontece, é como se fosse achado um rastro ou um traço que, combinado com outra informação em outros documentos, formassem uma imagem e assim sucessivamente até formar um quadro mais completo de um contexto histórico.

Embora esta pesquisa apresente dados interessantes sobre os(as) primeiros(as) estudantes surdos(as) do Ines, ainda assim não ficou livre de limitações. Algumas delas têm que ser vistas como informações sobre a cor/raça dos(as) estudantes, causas da surdez desses(as) estudantes e informações mais detalhadas sobre os familiares dos(as) estudantes surdos(as), como o nome dos pais e/ou responsáveis.

Apesar de finalizar este trabalho, estaria esta pesquisa terminada? A resposta é: não, pois ela sempre continuará, uma vez que existe a necessidade de mais pesquisas que continuem investigando e buscando mais informações atuais. Esta pesquisa investigou algumas informações, mas, futuramente, outros pesquisadores podem se deparar com informações novas e, assim, contribuir para uma atualização dos dados já disponíveis em pesquisas anteriores. Neste trabalho, reuni e apresentei uma gama de materiais que podem incentivar outros pesquisadores a dar continuidade, por meio de novas investigações, publicações e, assim, construir novos dados.

Acredito que esta obra contribuirá na empreitada de futuros pesquisadores que se interessem por questões relacionadas ao tema aqui investigado. Durante a pesquisa, tive acesso a muitos documentos que trazem à tona temas interessantes de serem investigados. Entre os tantos temas e alguns tópicos que poderão, em alguma medida, instigar investigações futuros, destacam-se: (i) a atuação de ex-estudantes do Ines, bem como seus respectivos estados onde vivem (o que se tornaram e o que fizeram quando retornaram ao seu local de origem?); (ii) a difusão da língua de sinais, trazida por Edouard Huet, assim como o impacto da publicação do primeiro dicionário do ex-aluno do Ines, Flausino da Gama, que, apoiado por Tobias Leite, expandiu-se para todo o território brasileiro; (iii) o papel dos(as) surdos(as) na história de cada estado e cada município brasileiro, assim como os registros que revelem os(as) protagonistas surdos(as) nesses espaços, por meio de informações disponíveis em instituições, ambientes familiares e diversos lugares da sociedade onde os(as) surdos(as) vivem; (iv) o papel do(a) aluno(a) negro(a) surdo(a) no Ines, tema que me despertou curiosidade, pois, naquela época, havia escravidão, de modo que investigar essa questão contribuiria para uma compreensão mais ampla do(a) negro(a) surdo(a); e (v) a questão do gênero dos(as) estudantes surdos(as), pois no Ines estudavam meninos e meninas, mas certamente o tema da equidade de gênero se faz relevante, pois o Instituto iniciou seus trabalhos voltados para meninos surdos.

Além da já apresentada carta-denúncia, existem outros documentos que relatam outros episódios de conflito entre estudantes surdos(as) e o diretor interino Frei João do Carmo, assim como os professores irmãos La Peña e o inspetor Ormund, além desse outro acontecimento intrigante, relativo à carta elaborada pelo pai de uma aluna surda em que esse defende a importância e o papel do(a) professor(a) surdo(a) na educação de surdos(as), em 1862.

Para finalizar destaco a importância dos registros históricos, especialmente as fontes que ainda carecem de ser pesquisadas e analisadas com o intuito de comprovar e apresentar uma narrativa histórica real da comunidade surda.

6

MAPEAMENTO COM BASE DOCUMENTAL DO ARQUIVO NACIONAL (1856-1868)

DATA	TIPO DE DOCUMENTO	RESUMO DE CONTEÚDO
Abr. 1856	Carta	Huet escreve uma carta à comissão em francês solicitando melhoramento da estrutura e relata suas experiências durante 4 meses.
11 ago. 1856	Carta	Mudança do Colégio Vassimon para casa na Ladeira de Conceição. Solicita as obras públicas para colocar a usina da torneira da água na Rua Ladeira perto do Instituto.
7 out. 1856	Carta	Marquês de Abrantes solicita urgência sobre encanamento da água.
27 out. 1856	Carta	O pagamento de aluguel e despesas os materiais e objetos para instituição. Marquês de Abrantes solicita a urgência às obras públicas para água potável.
29 out. de 1856	Carta	A comissão apresenta uma petição de Huet e outros membros da comissão sobre encanamento e instalação necessária para água.
Abr. 1857	Relatório	Informa o histórico do Instituto desde a criação até outubro de 1857 e solicita mais pensões.
Jul. 1857	Relatório	Pensões são sustentadas por estabelecimentos religiosos e por famílias, mas não são deficientes para contas e despesas suficientes devido à alimentação, serviços, aluguel da casa, despesas de ensino. Proposta de 20 pensões pelo governo e organização do regulamento sobre o Instituto.
1858	Mapa pedagógico	Mapa pedagógico de alunos matriculados de 1858 (nomes, idade, pensionista, característica do aluno).

DATA	TIPO DE DOCUMENTO	RESUMO DE CONTEÚDO
16 jan. 1858	Memorando	Comissão apresenta um exemplar de programas e regulamentos internos e recebido de pensões pagos a Secretaria.
20 mar. 1858	Matrícula	Huet informa que a matrícula de quatro alunos pensionistas pelo governo Nacional
31 ago. 1858	Ofício	Marquês de Abrantes solicita ao governo pagar quatros pensões a admitidos. A secretaria explica a demora pela qual o funcionário está em ausência e volta para estudar os fatos e prometer a pagar.
1 set. 1858	Matrícula	Matrícula de Francisco da Silva Moreira e Aurélia de Mendonça.
13 out. 1858	Carta	Huet informa a falta de pagamento à pensão desses novos dois alunos (sem nome).
30 mar. 1859	Carta	Polícia informa a existência da pessoa surda na sua freguesia que veio da família pobre que não tem condições educacionais.
31 mar. 1859	Carta	Huet solicita a autorização para admitir a pensão do surdo que foi encontrado pela polícia.
31 mar. 1859	Carta	Policial agradece ao diretor e comissão. Promete se entregar se necessário.
2 abr. 1859	Relatório	Relatório de Marquês de Abrantes informa o histórico do Instituto, programas e organização de ensino, pensão dos alunos, estado financeiro.
5 abr. 1859	Carta	Abrantes informa que o surdo foi encontrado pela polícia. Solicita a autorização à pensão, pois há seis pensionistas pelo Nacional.
19 ago. 1859	Carta	Huet informa sobre o pagamento pelo governo está acabado. Solicita com urgência, pois acha o instituto em grandes embaraços.
7 out. 1859	Carta	Abrantes pediu demissão. Marquês de Olinda substituiu no lugar dele.
5 nov. 1859	Carta	Huet informa sobre expulsão do aluno Francisco da Silva Moreira em 30 de outubro.

DATA	TIPO DE DOCUMENTO	RESUMO DE CONTEÚDO
26 jan. 1860	Carta	Marquês de Olinda informa falta de professores (religião) e diretor encarregado. Solicita as pensões pelas províncias.
28 fev. 1860	Ofício	Moreira Guimarães solicita aos presidentes de Província para autorizar pensões provinciais.
13 mar. 1860	Carta	Olinda informa as dificuldades por pensões e falta de apoiar pelo município do Rio e província.
1 abr. 1860		Confirma o recibo e manda o dinheiro ao diretor Huet.
1 maio 1860	Carta	Olinda informa que diretor precisa de mais alunos. Se for pobre recebe pensão. Se natural da Rio de Janeiro recebe pensão pela província de RJ.
18 jun. 1860	Nomeação	Nomeação de Maria Hinmann como inspetora.
7 jul. 1860	Matrícula	Matrícula de aluno de Bahia, Esperidião Gonçalves Fiuza.
6 ago. 1860	Carta	Informações sobre alunos: Esperidião entrou como novo pensionista; Francisco da Silva Moreira foi expulso no ano passado e perdeu a pensão. Em agosto de 1860 registraram 8 pensões oferecidos pelo governo para estudantes surdos.
10 set. 1860	Carta	José Soares de Almeida, pai implora para colocar o filho na escola, enfrentar a dificuldade a pagar pensão gratuitamente.
10 set. 1860	Ofício	Olinda solicita a pensão do filho de José Soares de Almeida por causa da carta do pai.
19 set. 1860	Carta	Olinda comunica a expulsão do aluno João Nepomuceno Correa Cesar, por consequência de uretrite (Faltam algumas páginas).
31 set. 1860	Carta	Olinda informa que aluno João Nepomuceno está doente e precisa de tratamento urgente e manda para casa em Vigário de São Pedro, na cidade Niterói, Olinda requereu algum familiar para acompanhar ao aluno, pois o João não pode continuar no Instituto.

DATA	TIPO DE DOCUMENTO	RESUMO DE CONTEÚDO
7 nov. 1860	Despacho de Moreira Guimarães	Pensão do filho de José Soares de Almeida, que aprovou a admissão de Camilo.
12 jan. 1861	Ata da reunião da comissão	Comissão apresenta a carta de Huet e solicita a retirada do diretor para França. Huet solicita quantia merecida por ser fundador e seus bens. Comissão solicita que Huet fique no Instituto até 31 dezembro 1863, para que a comissão providenciar para resolver de outra forma.
10 abr. 1861	Contrato	O contrato com Huet promete que ele fique até 31 dezembro 1863 no Instituto.
24 abr. 1861	Carta	A comissão informa que achou um candidato ideal para assumir a direção. Manoel de Magalhães Couto, natural de São Paulo, estuda na escola de Direito. Convida Couto para estudar em Paris e conhecer a metodologia de ensino aos surdos.
1 maio 1861	Carta	Olinda informa os trabalhos de Huet no ensino aos surdos. Também relata que Huet está insistindo para retornar a França. Está aguardando o pagamento.
14 jun. 1861	Matrícula	Matrícula de Tobias Marcelino Lemos como pensionista Nacional.
27 jun. 1861	Despacho	Aprovação da cláusula 16ª do contrato que o governo obrigaria o título do Huet. Negócio para entregar a quantia de cem contos de reis ao Huet.
3 jul. 1861	Carta	Olinda informa que recebeu a quantia referente às pensões pelo Tesouro Nacional.
20 ago. 1861	Carta	Olinda disse que precisa habilitar novo diretor, antes de assumir a função tem que estudar em Paris.
23 ago. 1861	Despacho	José Bonifácio autoriza a gratificação ao diretor de Huet e pagamento aos pensionistas Nacional.
24 out. 1861	Contrato	Contrato celebrado com Manoel de Magalhães Couto sobre viagem a Paris para aprender a língua de surdos; depois retornar ao Rio será obrigado a prestar seus serviços por período de cinco anos; gratificação do governo inclui estudos, moradia e viagens.

DATA	TIPO DE DOCUMENTO	RESUMO DE CONTEÚDO
11 nov. 1861	Contrato	A rescisão do contrato com Huet, foi entregue no dia 15 de dezembro. Huet recebeu os honorários por ser fundador de um estabelecimento.
30 nov. 1861	Contrato	Contrato da revisão sobre objetos e móveis comprados por Huet.
13 dez. 1861	Ata da comissão	Contrato de Huet. Contrato aprovado para entregar o edifício, objetos e móveis. Nomeou padre Frei João como diretor interino, exercendo igualmente as funções do capelão. Pagamento aos professores Manoel e Maria la Peña. Solicitar a quantia urgente para pagamento a fim de evitar a extinção do Instituto.
14 dez. 1861	Carta	Olinda comunica que Huet não está satisfeito sobre o valor conforme contrato.
14 dez. 1861	Carta	Olinda comunica que a quantia foi alterada no contrato pelo Huet.
16 dez. 1861	Carta	Olinda comunica que entregou quantia a Huet.
16 dez. 1861	Carta	Olinda informa que Huet já recebeu os documentos.
16 dez. 1861	Carta	Autorizou Huet na saída do Instituto. Governo está ciente sobre o contrato de Huet.
26 dez. 1861	Parecer	Secretário informa sobre contrato de Huet. Contrata-se o padre como diretor interino.
28 dez. 1861	Ofício	Olinda solicita capelão por causa do Frei João.
6 mar. 1862	Carta	Frei João conta 10 alunos existentes no Instituto (sete alunos da pensão Nacional e três pensões da Província do RJ).
28 mar. 1862	Demissão	Demissão de Maria Steinmann.
31 mar. 1862	Carta	Frei João informa que quatro alunos ainda não voltaram desde saída de Huet.
4 abr. 1862	Carta	Pai de Amélia Petra de Almeida informa que sua filha está com doença grave e não pode retornar aos estudos.
19 abr. 1862	Carta	Frei João relata problemas com professor La Peña.
23 abr. 1862	Carta	Frei João relata problemas com professores irmãos La Peña.

DATA	TIPO DE DOCUMENTO	RESUMO DE CONTEÚDO
27 abr. 1862	Carta	Frei João informa que pai de Petronilho apresentou-se na escola, que prometeu de trazer seu filho para escola no dia seguinte.
29 maio 1862	Carta	Frei João informa a existência de 5 alunos pensionistas pela província, mas recebeu os pagamentos referente a 3 alunos.
13 jun. 1862	Carta	Diretor negocia com homens sobre "casa".
15 jun. 1862	Carta	Carta do pai de Adelaide, que justifica a retirada da filha por não estar satisfeito com a educação, diz que colegas também não estão felizes. Falou que a retirada de Huet da escola piorou os resultados. Elogia os trabalhos de Huet.
18 jun. 1862	Carta	Carta em francês, Barqueim, Hotel des quatre nations informa que o surdo órfão veio de Tabatinga, da Amazonas que está indo a Manaus, depois ir ao Pará, enfim embarcará até cidade de Rio de Janeiro.
23 jun. 1862	Carta	Pai de Adelaide manda buscar a roupa da filha, mas o diretor não autoriza. Reclama sobre aluno Francisco ser insuportável, solicita que ele regresse à casa do pai.
25 jul. 1862	Carta	Diretor recolhe um surdo pardo, Francisco Lucio dos Santos, que foi trazido por soldado.
28 jul. 1862	Carta	Relação dos alunos de julho em 1862: tem 11 alunos.
3 ago. 1862	Carta	Diretor relatou que cunhado da aluna Leopoldina disse que não voltaria à escola.
6 ago. 1862	Carta	Relação dos alunos de agosto em 1862: tem 11 alunos.
6 ago. 1862	Carta	Diretor disse que aluno Francisco Pereira de Carvalho seduziu outro surdo, Francisco Lucio dos Santos, que o presente acompanhou até o estabelecimento. A própria mãe levou Francisco à casa dela, que o repeliu.
23 ago. 1862	Carta	Diretor reclama de dois professores e um aluno, Francisco P. Carvalho, falaram mal dele por mímica. Quase diariamente chama ele de burro e outras provocações na presença dos funcionários.
25 ago. 1862	Carta	Diretor pede audiência com marquês de Olinda.

DATA	TIPO DE DOCUMENTO	RESUMO DE CONTEÚDO
29 ago. 1862	Carta	Diretor relata que professora e aluna estão rindo e caçoando a língua de sinais para diretor.
23 set. 1862	Carta	Diretor reclamou a invasão dos direitos do diretor, acusou que o aluno Francisco é capanga de professores La Peña. Diretor pediu demissão.
27 set. 1862	Carta	Professor La Peña explica os motivos de problemas com diretor.
Set. 1862	Carta	Diretor relata seus problemas sobre professores de La Peña.
Set. 1862	Carta	Professora de La Peña relata seus problemas.
11 out. 1862	Carta	Diretor informa que o menino surdo veio do Pará, chegou ao Rio ontem.
13 out. 1862	Decisão	A comissão exonerou dois irmãos professores de La Peña. Nomeou Alfredo Ozorio como professor. V. Ormund, português como inspetor. Não encontrou uma professora, pois há uma única menina que estuda com meninos.
25 out. 1862	Carta	Carta em francês escrita pelo professor francês surdo, Joachim Ligot, da escola dos surdos de Orleans da França, oferece seus trabalhos no Instituto.
Out. 1862	Carta	João relata os problemas com irmãos professores de La Penã.
9 nov. 1862	Carta	Ernesto Seixas disse que os diretores de outros estabelecimentos recebem o recibo de quantia.
17 nov. 1862	Nomeação	Nomeação de Ernesto do Prado Seixas como diretor interino no dia 17 de novembro de 1862, com gratificação mensal de cem mil réis.
17 nov. 1862	Decisão	A comissão concede a Frei João o pedido da exoneração do diretor.
17 nov. 1862	Nomeação	Nomeação de Aleida Brandelina da Costa para inspetora e rouparia, com gratificação mensal de trinta mil réis.
17 nov. 1862	Despacho	Aprova a demissão de Frei João.

DATA	TIPO DE DOCUMENTO	RESUMO DE CONTEÚDO
20 nov. 1862	Relatório de Ernesto Seixas	Ernesto Seixas relata primeira visita no Instituto. Constam 11 alunos matriculados (faltam algumas páginas).
21 nov. 1862	Carta	Comissão afirma que diretor interino fica autorizado para contratar funcionários.
25 nov. 1862	Nomeação	Admissão de Francisco Maria Pereira Ozorio como professor.
Nov. 1862	Carta	Ernesto informa que recebeu pensão referente à aluna Aurélia de Mendonça, mas por não está mais no Instituto, pois já se ausentou há muito tempo. Solicita novos roupas para alunos. Francisco Pereira e Manoel Pereira pedem ao diretor para contratar marceneiros. Solicita a permissão para mandar alguém para ensiná-los.
1862	Carta	Frei João informa ao novo diretor Ernesto sobre capela, aguardar novos dois africanos para trabalhar no Instituto (documentos rasgados).
Novembro ou dez. de 1862	Carta	Diretor informa que há oito surdos pensionistas existentes na escola.
17 jan. 1863	Carta	Ernesto informa o recebimento da carta do professor francês Ligot.
17 jan. 1863	Carta	Diretor informa que não há empregado africano. Procura africanos para trabalhar no Instituto.
26 jan. 1863	Relatório	Ernesto informa sobre o livro de matrícula, com nomes repetidos, falta de datas e declarações de saída do Instituto. Não é fácil de encontrar os professores e mestres com habilitações especiais para surdos. Falta de roupas e calçados, quase nenhuma roupa de cama.
5 fev. 1863	Relatório	Diretor informa os problemas financeiros (construção, aluguel, alimentação).
17 fev. 1863	Carta	Diretor informa sobre recibos atrasados de três pensões provinciais referentes a três alunos irmãos de Carvalho.
Abr. 1863	Carta	Motivos do professor Francisco Maria Pereira Osorio é demitido pelo diretor Ernesto.

DATA	TIPO DE DOCUMENTO	RESUMO DE CONTEÚDO
21 abr. 1863	Carta	Diretor informa que o Hospital ofereceu cinco serventes africanos livres, mas diretor acha que só três africanos são necessários.
24 abr. 1863	Carta	Ernesto indicou o professor Guilherme Schulze, professor de música no Instituto dos Cegos. Pediu para demitir Francisco Maria Osorio. Guilherme assumirá no lugar dele.
24 abr. 1863	Exoneração	Francisco Maria Pereira Osorio foi exonerado da função de professor.
28 abr. 1863	Nomeação	Posse de Guilherme Schulze como professor.
Maio 1863	Ofício	Ernesto solicita novo africano para trabalho no Instituto.
8 maio 1863	Ofício	Diretor solicita novo africano no lugar do africano Aurelio, por não respeitar as regras do Instituto.
Jul. 1863	Livro de contas	Lista dos alunos pensionistas pelo Tesouro Nacional.
6 ago. 1863	Relatório	Relata sobre instituição nos primeiros dias da gestão.
10 ago. 1863	Carta	Manoel de Magalhães Couto informa que o africano Bento se ausentou no trabalho e reclamou que há número insuficiente de funcionários no Instituto.
17 ago. 1863	Carta	Magalhães Couto informa que africano Bento foi encontrado.
18 ago. 1863	Carta	Manoel de Magalhães Couto informa que ofereceu melhores condições de trabalho ao africano do que outros funcionários.
22 ago. 1863	Carta	Manoel de Magalhães Couto disse que foi ao Tesouraria Provincial para cobrar porque o governo não pagou as pensões aos estudantes. Diretor informa que há falta de funcionários no Instituto. Não há recursos suficientes para comprar as coisas de limpeza. Além disso, informa a falta de roupas para os meninos.
27 ago. 1863	Carta	Diretor solicita mais recursos necessários para melhorar no Instituto.

DATA	TIPO DE DOCUMENTO	RESUMO DE CONTEÚDO
3 set. 1863	Relatório do diretor	O relatório do diretor consta sobre o processo no ensino e aprendizagem de surdos; além informa que a esposa do diretor Manoel de Magalhães Couto que assumiu a diretora, também professora para meninas, nem algumas disciplinas como econômica doméstica, costura; desenho, etc.
12 out. 1863	Carta	Diretor reclama que os recursos recebidos do governo são menores para o Instituto dos Surdos do que Instituto de Cegos.
9 nov. 1863	Relatório de Magalhães Couto	Informações sobre 10 alunos (sete pensionistas Nacional e três províncias do RJ). Apenas uma menina. Organização, estrutura e ensino para ambos os sexos. A rouparia, materiais e utensílios estão em mau estado, em geral Necessita de reparos.
13 nov. 1863	Carta	Diretor aponta vários problemas; Africanos Rodrigo e Sebastião desaparecem e voltam; não confia nos africanos perto de alunos surdos; falta de pagamento às pensões pela província de RJ; solicita o aumento para despesas nos arranjos domésticos.
28 nov. 1863	Ofício	Diretor solicita novo professor no ensino da leitura.
28 nov. 1863	Carta	Diretor informa sobre desaparecimento de africanos livres, Rodrigo e Sebastião.
5 dez. 1863	Carta	Diretor informa que africano Sebastião está desaparecido.
5 dez. 1863	Matrícula	Matrícula de Anna Rosa Gorgolina.
23 dez. 1863	Matrícula	Matrícula de dois alunos: Flausino José e Orminda Ferreira.
26 dez. 1863	Relatório do diretor	Contrato celebrado com Couto em Paris. Solicita mais empregados em diversos cargos. Diretor e sua mulher assumem o encarregado como diretoria e professoras. Também informa que recebeu novos alunos, mas recusou por um surdo tem problemas mentais e outro por idade acima da média. Solicita mais pensões ao governo.
1863 (sem data)	Relatório	Ernesto Seixas relata a experiência de trabalhar com alunos surdos.

DATA	TIPO DE DOCUMENTO	RESUMO DE CONTEÚDO
1863 (sem data)	Carta	Ernesto agradece ao diretor do hospital que autorizou três africanos para trabalhar na escola
1863 (sem data)	Carta	Ernesto informa a comissão sobre carta do professor francês Ligot que ofereceu o trabalho, mas o diretor informa que não há vaga para professor.
1863	Regimento interno	Regimento interno de 1863 (manuscritos).
1863	Livro de contas	Informações sobre pensões de alunos, tem sete alunos sustentados pelo Nacional.
4 jan. 1864	Carta	Diretor informa que está preocupado sobre a extinção do teatro Yrico porque o teatro é um dos recursos financeiros para ajudar a escola.
7 jan. 1864	Contrato	Contrato do diretor Magalhaes Couto.
8 jan. 1864	Carta	Diretor informa que não recebeu os vencimentos desde agosto para despesas em geral. Francelina Garcia encarrega a administração na escola, também assume aulas de econômica, agulha; cuidar e lavar as roupas dos alunos.
12 jan. 1864	Carta	Diretor pede desculpa por não comparecer devido à saúde. Aguardar autorização para transferir o dinheiro do Banco do Brasil para o Instituto e aguardar o pagamento referente a três pensões sustentadas pela província (irmãos Carvalhos).
12 jan. 1864	Carta	Diretor informa que os soldados estão na escola desde o mês passado. Foi transferido um para o hospital gravemente enfermo.
15 jan. 1864	Carta	Diretor pede desculpa por atraso da entrega do projeto de orçamento.
18 jan. 1864	Carta	Diretor relata a experiência sobre o ensino ao soldado para ler em pouco tempo.
1 mar. 1864	Ofício	Diretor apresenta a proposta de orçamento anual e aluguel da casa por valor 2:400H000.
1 mar. 1864	Ofício	Diretor solicita ao imperador a compra de uma casa.

DATA	TIPO DE DOCUMENTO	RESUMO DE CONTEÚDO
1 mar. 1864	Carta	Diretor pede com urgência para resolver sobre mudança da casa.
1 mar. 1864	Carta	Sobre compras casa e chácara.
1 mar. 1864	Carta	Informa o valor do terreno para comprar.
7 mar. 1864	Carta	Diretor informa que o soldado está doente.
19 mar. 1864	Orçamento	Orçamento de receita e despesas (propostas de 1864 e 1865).
24 mar. 1864	Relatório do diretor	O Relatório informa que Couto e sua esposa assumiram desde primeiro de agosto de 1863. Também constou 13 alunos, sendo 10 são do sexo masculino e 3 do feminino.
25 mar. 1864	Carta	Diretor disse que há apenas um africano trabalhando.
31 mar. 1864	Carta	Relação dos alunos pensionistas em março 1863.
7 abr. 1864	Relatório do diretor	Relatório sobre receitas e despesas.
7 abr. 1864	Proposta	O diretor apresenta a proposta do orçamento no Instituto para ano de 1864 e 1865.
25 abr. 1864	Carta	Lista de alunos pensionistas sustentados pelo Nacional em abril 1864.
25 abr. 1864	Relatório do diretor	O relatório informa sobre métodos de ensino aos surdos. Constou que há poucos alunos matriculados em único Instituto para Surdos do Brasil, comparada a outras instituições dos Estados Unidos e da Europa. Solicita a reforma no edifício para melhorar e adequar o ambiente de estudos.
30 abr. 1864	Carta	Saldo para despesas referente a pensões dos alunos pelo Tesouro Nacional.
30 abr. 1864	Carta	O diretor solicita as informações sobre pagamento referente a pensões de três irmãos surdos.
4 maio 1864	Carta	Olinda informa que o Instituto não tem objetos necessários para ensino.

DATA	TIPO DE DOCUMENTO	RESUMO DE CONTEÚDO
16 maio 1864	Carta	José Soares, inspetor informa ao Marquês de Olinda sobre o pagamento de mil contos e quinhentos réis para Instituto.
25 maio 1864	Carta	O diretor informa que recebeu o pagamento referente a pensões de três irmãos surdos.
31 maio 1864	Carta	Couto reclama a demora para assumir novo repetidor, Antônio de Pádua Machado Junior.
1 jun. 1864	Matrícula	Matrícula de Eduardo Gonsalves Valente Junior, aluno contribuinte, natural de Ceará.
1 jun. 1864	Carta	Diretor informa que novo aluno já está na escola.
2 jul. 1864	Relatório	Apresenta o histórico do Instituto. Pela lei, o máximo de 10 pensionistas pelo Nacional. O diretor solicita o aumento de número de pensões 'gratuito' para estudantes.
29 jul. 1864	Nomeação	Admissão do novo professor de desenho Joaquim S. da Costa Miranda.
31 jul. 1864	Relatório	Relatório sobre burocracia, documentos pendentes, contas e orçamentos insuficientes.
20 ago. 1864	Carta	O diretor informa que dois funcionários no Instituto sumiram, sendo que o Marcos, da Angola e outro Miguel, de Moçambique, que está desaparecido desde 15 de janeiro.
28 set. 1864	Relatório	Couto informa sobre mudança do Instituto para novo endereço. Solicita o aumento de recursos para despesas, consertar os materiais, também necessita pagar o aluguel do edifício.
1 out. 1864	Ofício	Solicita o transporte de mudança.
20 dez. 1864	Matrícula	Matrícula de Theodoro Gusmão Correia.
5 jan. 1865	Carta	Couto informa que tem 10 surdos sustentados pelo Tesouro Nacional e três pela Província de RJ e dois pela própria família. Monteiro respondeu que orçamento atual está disponível de pagar a pensão para um ou dois alunos.

DATA	TIPO DE DOCUMENTO	RESUMO DE CONTEÚDO
30 jan. 1865	Relatório	Relatório sobre o Instituto, 1864. Constam 15 alunos, 12 do sexo masculino e três do sexo feminino; dois contribuintes, três pensionistas de RJ e dez do governo imperial.
30 jan. 1865	Carta	Couto pede desculpa pela demora da entrega do Relatório, pois estava com problemas de saúde.
1 fev. 1865	Carta	Marquês de Abrantes informa que o relatório foi submetido, que aponta as necessidades de recursos para melhorar no Instituto.
17 mar. 1865	Relatório	Relatório do diretor consta as informações sobre receitas, pagamentos, despesas e orçamentos.
8 maio 1865	Despacho	Comissão inspetora autoriza mais um pensionista, o recurso disponível pelo Tesouro Nacional.
8 maio 1865	Carta	Marquês de Olinda solicita autorização de admissão de menor Theodoro no pensionista.
7 jul.	Carta	Tesouro Nacional recusa o pensionista sem nome, por aviso de 9 maio.
22 jul. 1865	Carta	Couto solicita mais recursos para julho a agosto.
24 ago. 1865	Parecer	Informa que o aluno Peregrino já é pensionista pela razão de pobreza, pois seu pai implora seu filho para matricula na escola "gratuita". O governo autorizou o aumento do número de pensão para 12 alunos surdos.
24 set. 1865	Ofício	Couto solicita verbas ao Instituto, mas o governo reprova.
19 out. 1865	Carta	O pai pede para retirar o filho (Peregrino Nogueira da Luz) do Instituto, mas diretor diz que pode perder pensão.
20 abr. 1865	Carta	Carta do pai de Leônidas solicitando a admissão do filho.
15 dez. 1865	Relatório	Relatório anual de 1865, constam 16 alunos (13 do sexo masculino e três do feminino), sendo 12 pelo governo, três da província de RJ e um contribuinte.
5 jan. 1866	Relatório	Relatório anual sobre o Instituto, 1865. Solicita para elevar o número para 20 pensionistas.

DATA	TIPO DE DOCUMENTO	RESUMO DE CONTEÚDO
5 jan. 1866	Carta	Solicita para aumentar pensionistas de 12 para 20, pois é sumamente diminuto em relação a grande quantidade de surdos pobres no Brasil.
13 fev. 1866	Carta	Diretor honra a visita do imperador. Está aguardando a resposta sobre elevar o número de pensionistas.
14 mar. 1866	Carta	Polícia informa que existe surdo no distrito de Aterrado n° 28, filho de Antônia do Nascimento, pessoa pobre. Pede para o filho ser admitido.
18 mar. 1866	Ofício	Solicita autorização de matrícula para o aluno pobre.
30 abr. 1866	Carta	Diretor informa sobre organização e horários de aulas.
30 abr. 1866	Relatório	Relatório de Couto. Constam 13 alunos, sendo dez pensionistas do governo e três da província do Rio de Janeiro, sendo 10 do sexo masculino e 3 do sexo feminino.
4 maio 1866	Carta	Couto diz que Instituto não tem título imperial.
5 jun. 1866	Carta	Couto explica a importância do ensino aos surdos. Insiste no aumento do número de pensionistas.
5 jun. 1866	Carta	Couto solicitar o médico para atender aos alunos doentes.
5 jun. 1866	Carta	Couto reclama a Olinda sobre a falta de verbas, solicitar reformas de camas, colchões, travesseiros, está faltando. O próprio Couto gasta o dinheiro.
14 jun. 1866	Carta	Diretor solicitando o médico.
24 jun. 1866	Carta	Couto diz que os vizinhos o interrogam sobre celebrar missa, mas diretor diz que não tem dinheiro para pagar o pároco.
30 jun. 1866	Contratação	Contratação do médico Thomaz Antunes.
3 set. 1866	Matrícula	Matrícula de dois surdos, Diogo José da Rocha e João B. Paes Barreto, estes dois alunos farão parte da classe dos contribuintes.
2 out. 1866	Carta	Diretor informa ao Marques de Olinda por não teve tempo de cuidar as contas, pois está encarregado em trabalhos em diferentes funções.

DATA	TIPO DE DOCUMENTO	RESUMO DE CONTEÚDO
11 nov. 1866	Ofício	Solicita o aumento de orçamento de 1866-1867.
19 nov. 1866	Relatório	Diretor informa à comissão inspetora sobre falta de tempo por não entregar os relatórios financeiros. Reclama que o preço de alimentação está caro. Não é suficiente para verbas (alimentação, rouparia, enfermaria e diversas).
26 mar. 1867	Relatório	Relatório sobre Instituto: número de alunos, disciplinas, ensino, materiais, despesas, encargos, oficinas, roupas para alunos.
28 mar. 1867	Carta	Diretor consultou se o Instituto de Surdos é estabelecimento privado ou público.
4 maio 1867	Carta	Marquês de Olinda informa que está ausente, pois viaja a Pernambuco, solicita alguém substituta no lugar dele. Olinda diz sobre bens da propriedade particular. Acha o assunto trazido pelo diretor Manoel Couto parece mais escândalo, mas pediu evitar isso.
20 maio 1867	Carta	Couto reclama a negligência do governo. Afirma que o estabelecimento é particular, apenas subvencionado pelo tesouro nacional como uma consignação mensal. Relata as dificuldades pela escassez dos recursos para quantias necessárias para despesas em vários fatores. Ausência do professor, o diretor Exerce a função a função de ensinar várias disciplinas aos surdos, também como secretário, inspetor, quase enfermeiro.
28 maio 1867	Relatório	Aponta o contexto histórico desde a criação do Instituto até 1867, porém o governo afirma que é estabelecimento público, mas a necessidade urgente de uma organização.
12 jun. 1867	Relatório	Relatório informa a situação financeira atual do Instituto.
19 jun. 1867	Carta	O secretário diz que após a retirada de E. Huet o Instituto tornou-se estabelecimento público. Lembra o contrato celebrado com Couto para estudar em Paris que foi pago pelo governo.

DATA	TIPO DE DOCUMENTO	RESUMO DE CONTEÚDO
4 jul. 1867	Matrícula	O governo atende o pedido de Francisco Jeronymo Bittencourt Coelho, permitir que sejam admitidos dois filhos pensionistas: Leonidas Bittencourt Coelho e Elidia Rosa de Bittencourt. Aumentou o número para 14 alunos.
9 jul. 1867	Ofício	Falecimento do aluno Francisco Pereira de Carvalho no dia 1º de julho por tuberculose pulmonar. Diretor solicita ao governo o custo para pagar o enterro do aluno.
18 jul. 1867	Carta	Conta documentada comprovada sobre o enterro do aluno que faleceu.
23 jul. 1867	Carta	Couto Agradeceu ao governo para pagar ao enterro do aluno.
30 jul. 1867	Ofício	Couto solicita o adiantamento de 1:500$000 para despesas nas reformas.
31 jul. 1867	Carta	Couto fica ciente que o Tesouro Nacional não autorizou sobre adiantamento. O diretor informa sobre entrada do novo estudante. O nome é Maria Luiza Ribeiro, a pensão é pago pela família.
1 ago. 1867	Carta	Olinda diz que não é possível solicitar mais recursos pelo governo.
5 ago. 1867	Carta	Couto pergunta ao pai do aluno Diogo José da Rocha o motivo de não comparecer nas aulas.
6 ago. 1867	Relatório	Relatório informa o histórico sobre pensões e matrícula de alunos.
24 ago. 1867	Ata	Ata da reunião com diversos religiosos trata os obstáculos e as dificuldades do Instituto, aguardar o apoio de mosteiros de São Bento e do Carmo para continuar o funcionamento.
23 set. 1867	Relatório	Couto informa a diminuição dos alimentos, por falta de recursos. Recebeu pensões referentes três contribuintes que são pagos pela família. As pensões pagas pela província do RJ, porém reduziu para dois pensões devido à morte de um aluno. Solicita a transferência do tipo de pensão, do governo nacional para província de RJ, pois a lei provincial de RJ autoriza o máximo de cinco pensões para Instituto.

DATA	TIPO DE DOCUMENTO	RESUMO DE CONTEÚDO
25 out. 1867	Lista	Lista dos contribuintes tem três alunos: João Baptista Paes Barreto, Diogo José da Rocha e Maria Luiza Ribeiro.
28 out. 1867	Matrícula	Matrícula de Deolinda Silves Pereira, contribuinte, sete anos, filha de José Antônio Silves Pereira, residente a rua do Rezende nº 16.
29 out. 1867	Relatório	Relatório do diretor sobre doentes e falecimentos de alunos; lugar neste estabelecimento tem favorecido a bronquite e pneumonia; falta de enfermeiro e um cozinheiro. Não podia abandonar para cuidar de doentes. Diretores estão encarregados de várias tarefas.
30 out. 1867	Carta	Relatório do diretor sobre saúde e falecimentos de alunos. Torquato contraiu pneumonia sintomática. Marcelino Antônio Tibau contraiu a pneumonia e vermes intestinais.
3 nov. 1867	Relatório	Falecimento de dois alunos: Marcelino e Torquato. Outro aluno que está doente, João Flavio de Azevedo, tem pulmão á direita afetado, após o tratamento no pulmão esquerdo. Couto implora ao governo os recursos para melhorar a estrutura.
6 nov. 1867	Ofício	Remeter a conta de despesas feitas com enterros de alunos Torquato e Marcelino Tibau.
7 nov. 1867	Carta	Informa o falecimento de dois alunos, outro aluno está doente, lugar precário, pagar as contas de despesas cumpridas.
7 nov. 1867	Relatório	Sobre o falecimento de dois alunos. Diretor acredita que o Instituto está um dos locais mais salubres da cidade
11 nov. 1867	Carta	As pensões de contribuintes, daqueles dois alunos (João Paes e Maria Luiza Ribeiro) foram pagas, mas o pai do aluno reclama a urgência de o filho ser pensionista.
21 nov. 1867	Lista	Lista de alunos divididos por classe de pensões.
21 nov. 1867	Carta	Informa que aluna Elida de Bittencourt Coelho entrou na escola nesta data.

DATA	TIPO DE DOCUMENTO	RESUMO DE CONTEÚDO
21 nov. 1867	Carta	Secretário afirma que é preciso procurar novo prédio; auxílio de dois médicos.
23 nov. 1867	Carta	Carta de Couto ao Torres sobre despesas e pagamentos.
3 dez. 1867	Carta	Diretor informa que os pais/responsáveis estão atrasados para pagar as pensões dos contribuintes dos alunos.
9 dez. 1867	Carta	Castigo da aluna Maria na rouparia, ter atirado da janela para baixo grande quantidade de roupa limpa e suja que havia em duas grandes caixas, queda foi de 12/2 palmas de altura. Diretor solicita a autorização do governo sobre retirada da aluna na escola para família.
10 dez. 1867	Carta	Cobrança das pensões de alunos.
10 dez. 1867	Carta	A carta do diretor relata os problemas sobre alunos, mencionou que a própria menina se diz arrependida e ter sido aconselhada por seu irmão.
10 dez. 1867	Carta	Recebeu o aluno Joaquim do Maranhão vinda do vapor Guará.
13 dez. 1867	Carta	A carta da secretária relata o que aconteceu com aluna que caiu da janela no prédio do Instituto.
19 dez. 1867	Relatório	Informa que o médico Thomaz Antunes de Abreu deixou o estabelecimento. Solicita novo médico de partido como interessado para tratar saúde de alunos bem como alimentação. Também necessita de jardineiro e copeiro.
20 dez. 1867	Carta	Couto reclama falta de dinheiro para pagamento do pessoal e dos fornecedores. Reclama a negligência pelo governo.
22 dez. 1867	Relatório	Diretor informa que recebeu três pensões referente alunos contribuintes, mas avisa que há uma pensão ainda não foi paga.
23 dez. 1867	Carta	Diretor informa que já pagou ao padre e aos vizinhos que ajudam ao Instituto.
Dez. 1867	Lista	Relação dos empregados no mês dezembro de 1867.

DATA	TIPO DE DOCUMENTO	RESUMO DE CONTEÚDO
1867 (sem data)	Relatório	Informações sobre ensino. Inspetor tem que saber língua de sinais. Necessita de repetidor. Diretor e professor trabalham desde 7 da manhã até 7 da noite. Materiais do ensino distribuídos pelos cinco anos. Curso em Paris é de 7 a 10 anos, mas o curso do instituto é 5 anos.
1867	Relatório	Regimento interno de Instituto 1867 e horários de aulas diárias (manuscritos).
1867 (sem data)	Carta	Couto solicita o reconhecimento do trabalho pelo imperador.
1867	Carta	Informações sobre a escola.
6 jan. 1868	Carta	Leite solicita as providências sobre informações (contas, documentos, escriturário, relatórios) para saber como melhorar o estado do Instituto. Leite examinou todos os ramos da administração.
7 jan. 1868	Carta	Couto recusa Tobias Leite de ser encarregado de tomar as contas, porque não estava preparado.
27 mar. 1868	Carta	Leite relata as informações sobre regulamento referente à nomeação de inspetores, repetidores, aquisição de objetos próprios de ensino, necessidades vitais no Instituto.
29 mar. 1868	Carta	O aluno Manoel encaminha para Tobias Leite, denunciando maus tratos contra alunos praticados pelo diretor Magalhães Couto e sua família.
1 abr. 1868	Carta	Leite informa que o diretor está exigindo de ver uma carta que o aluno escreveu, mas o aluno recusa de mostrar, fez ameaça com o soco contra diretor.
13 abr. 1868	Carta	Couto solicita ao governo para que o aluno Manoel seja expulsado na escola. Solicita a polícia para procurar família do aluno.
13 abr. 1868	Regulamento	Leite sobre projeto de regulamento nº 4046.
30 abr. 1868	Nomeação	Nomeação de novos inspetores: Frederico João de Ormund Junior e Acedina de Gueiroga Cabral.

DATA	TIPO DE DOCUMENTO	RESUMO DE CONTEÚDO
Maio 1868	Carta	Couto informa o presidente de província de RJ sobre aluno Manoel estar trabalhando no Becco dos Ferreiro nº 23 de carpinteiro. O presidente de província de RJ concorda que o aluno não pode continuar no Instituto.
1 maio 1868	Carta	Três alunos pensionistas sustentados pela província de RJ.
1 maio 1868	Ofício	Couto solicita a aprovação do ex-aluno Tobias Marcellino de Lemos no repetidor. Netto Machado informa que o aluno Tobias é muito inteligente e adiantado, pode ser nomeado repetido, mas sem gratificação porque a verba não comporta, mas ele continuará a residir no estabelecimento, terá alimentação, roupas, como qualquer pensionista do estado.
7 maio 1868	Despacho	O secretário informa que Ormund já trabalhou e foi expulsado pelo diretor no ano passado após houve uma briga violenta. A esposa de Ormund não pode exceder a função da inspetora. O diretor nomeou Acedina de Acedina Cabral que é casada Pinto Cabral (repetidor). Tobias sugere o limite de número de funcionário familiar, ou seja, uma pessoa por família, pois o Instituto abrigava três famílias que podem causar vários problemas como falta de alimentação.
9 maio 1868	Despacho	Leite gostaria de contratar o aluno Tobias Marcellino de Lemos para exceder a função de repetidor.
10 maio 1868	Carta	Diretor informa que o aluno Manoel está perturbando os trabalhos de diretor e funcionários, fez várias ameaças, não respeita as regras internas. O aluno fugiu na escola. Tobias Leite diz que não sabe o motivo que o aluno fugiu, mas acredita que houve briga entre o aluno e inspetor. Solicita um dos funcionários para procurar o aluno..

DATA	TIPO DE DOCUMENTO	RESUMO DE CONTEÚDO
10 maio 1868	Carta	O Diretor relata os problemas do aluno Manoel. Informa que já remeteu a pessoa de confiança ao juiz municipal do bananal ou ao tenente coronel José de Magalhaes Couto para procurar ao pai do aluno, com objetivo de aluno retornar a casa da família. No mesmo documento, o Tobias Leite respondeu que nenhum pode ser tomado sem previsto consentimento do presidente de RJ, da qual o aluno é pensionista. Entende que a retirada do aluno na escola é uma urgência.
13 maio 1868	Carta	O diretor informa que já deu todas providências necessárias pela requisição da comissão inspetora sobre o aluno Manoel Pereira de Carvalho.
13 maio 1868	Carta	Tobias Leite informa que o Manoel invadiu a escola, interrogou ao aluno porque está causando os problemas. O aluno respondeu que não quer mais continuar na escola e quer trabalhar para ganhar o dinheiro em uma fábrica, que não soube dizer onde fica. O fiscal aconselhou para que o aluno fique quieto no Instituto até que seu pai buscar.
15 maio 1868	Carta	Tobias Leite indica os nomes de professores de outros institutos para banca de exames. João Rodrigues da Fonseca Jordão, cadeira de Sacramento e Francisco Almeida da Silva Castilho, cadeira de Campo Grande.
18 maio 1868	Carta	Couto informa que Manoel não cedeu as promessas na escola e se ausentou hoje às 4h da tarde.
19 maio 1868	Despacho	O secretário informa que o aluno Carvalho seja entregue à sua família o quanto antes ou seja empregado em qualquer oficina.
21 maio 1868	Carta	Ainda informa que vice-presidente se assegurou que dentro de oito dias o aluno seja entrega ao delegado da Barra Mansa para que entregará a família. Se não, mandará ao juiz de órfãos de Niterói.
22 maio 1868	Relatório	Relatório sobre ensino de surdos e regulamento. Solicita a alteração do artigo 19 regulamento nº 4046. Filosofia e métodos de ensino para surdos devem ser habilitados e mais prática, por amor.

DATA	TIPO DE DOCUMENTO	RESUMO DE CONTEÚDO
23 maio 1868	Carta	Tobias Leite informa que o policial prendeu o aluno Manoel no Largo do Paço porque pedia esmolas para os vizinhos; para evitar a impressa, o Tobias não quer a impressa soube o fato do aluno do Estado vagava mendigando pelas ruas. Informa que o aluno retornou à escola acompanhado por policial. Tobias avisa ao aluno dentro de oito dias que irão providenciar a solução. Pediu o aluno tenha mais paciência, aguardar mais um pouco e não faça mais conflitos.
24 maio 1868	Carta	Manoel Franklin Moreira de Almeida chegou, no dia 23 de maio, vindo do Norte no Vapor Tocantins. Tinha autorizado pelo aviso de 26 de outubro de 1867 como pensionista do Estado.
27 maio 1868	Carta	Tobias Leite acredita que a publicação do Diário Oficial como uma das formas para aumento da entrada de novos alunos na escola. Solicita cópias de 100 exemplares para distribuir os pais e alunos. Leite solicita os pagamentos para dois alunos que trabalham na rouparia; Maria Pereira de Carvalho e Espiridião Fiuza.
30 maio 1868	Carta	Leite desejava não continuar mais no cargo do comissário do governo neste instituto, mas não larga o serviço público com mais 16 anos. Relata os diversos problemas da administração do Couto, gostaria de estudar tudo o que há de melhor e mais moderno na educação dos surdos.
Jun. 1868	Carta	Leite designou dois alunos no serviço
7 jun. 1868	Carta	Polícia informa que encontrou mãe de dois alunos na Barra Mansa, esta mãe é extremamente pobre e foi abandonado pelo marido. Diz que a mãe quer dois filhos voltam para casa. Então, a polícia quer saber como será entrega dois alunos para mãe.
8 jun. 1868	Carta	Manoel de Magalhães Couto descreve mais detalhes os problemas relacionados ao aluno Manoel.

DATA	TIPO DE DOCUMENTO	RESUMO DE CONTEÚDO
13 jun. 1868	Carta	Tobias Leite informa que levou dois alunos à secretaria da presidência da província. O aluno Manoel foi a casa da família acompanhado pelos soldados, mas outra aluna Maria ficou na casa da família de Tobias Leite para que o governo providenciar.
23 jun. 1868	Guia	Guia sobre métodos de ensino.
7 jul. 1868	Carta	Tobias Leite informa que as principais reclamações sobre alimentação insuficiente foram a família do diretor.
8 jul. 1868	Carta	Leite informa que não há mercado próxima do Instituto para comprar os alimentos necessários.
10 jul. 1868	Exoneração	Demissão de inspetor Frederico João Ormund Junior.
12 jul. 1868	Carta	Diretor de cegos pede para Leite conversar com funcionária sobre suas obrigações.
13 jul. 1868	Nomeação	Leite solicita para nomear na rouparia Maria Orminda dos Santos Mirna, pois [e pessoa de ideal para assumir a rouparia.
21 jul. 1868	Despacho	Assembleia aprova a nomeação de Tobias Leite neste estabelecimento e propõe as medidas necessárias para melhorá-lo. A proposta de Leite foi separação dos cargos do diretor e do professor, ideia que foi aceita no regulamento de 19 dezembro 1864.
29 jul. 1868	Matrícula	Entrada de novos alunos paranaenses, irmãos João e José, filhos de Capitão de Voluntários José Pereira de Malheiros.
19 ago. 1868	Lista	Tobias Leite organiza a quantidade de vários tipos de roupas para que sejam distribuídos para 16 alunos.
30 ago. 1868	Carta	Tobias Leite preocupa poucas roupas de alguns alunos, porque João e José, novos alunos do Paraná não trouxeram roupas para escola.
2 set. 1868	Carta	Couto gostaria de sair do estabelecimento, mas Leite acha que sem ele o ensino aos surdos é impossível no Rio de Janeiro.

DATA	TIPO DE DOCUMENTO	RESUMO DE CONTEÚDO
24 set. 1868	Nomeação	Nomeação do professor David José Lopes para substituir o professor temporário, pois outro professor está em seus impedimentos temporários.
30 set. 1868	Lista	Listas dos professores.
9 out. 1868	Demissão	Antônio Pereira Lopes da Silva como inspetor dos alunos foi exonerado em 4 de outubro 1868.
10 out. 1868	Ofício	Leite informa a proposta em ofício de 11 de agosto, que quer contratar o aluno João Flavio de Azevedo para despenseiro. Aluna Maria Pereira de Carvalho da rouparia. Flausino como repetidor que ajuda as dificuldades dos alunos. No dia 1º de outubro retirou Maria da rouparia e substituiu por outra ouvinte, Martha Ormida.
17 out. 1868	Ofício	Leite solicita abertura para a vaga de inspetor.
30 out. 1868	Carta	Leite relata a falta de água. Há oito dias começou a diminuir e ontem não há uma gota d'água. Precisa-se de água para lavar as roupas, alimentos, serviços, 18 alunos ficam sem banho.
31 out. 1868	Lista	Listas dos professores.
9 nov. 1868	Nomeação	Serão nomeados examinados os professores João Rodrigues da Fonseca Jordão e Francisco Abreu do Castilho.
23 nov. 1868	Carta	Tobias Leite informa o examinador está ausente e precisa ser substituído com urgência pois o exame será realizado no dia seguinte.
1868 (sem data)	Parecer	Pareceres sobre educação dos surdos aponta os métodos de l'Épée, Sicard, Bebian, Valade Gabel. O parecerista sugeriu o método de Valade Gabel, pois é melhor que todos.
1868 (sem data)	Despacho	Neto Machado informa o diretor quem organiza o regimento interno.

Fonte: O autor (2022)

7

ENTRADA E SAÍDA DE ESTUDANTES SURDOS POR ANO NO INES

NO	ESTUDANTES MA-TRICULADOS(AS)	ENTRADA	SAÍDA
1856	Umbelina Cabrita Carolina Bastos Antônio Candido dos Reis Antônio de Souza Pinto Carolina Vieira Casimiro Peixoto	Umbelina Cabrita Carolina Bastos Antônio Candido dos Reis Antônio de Souza Pinto Carolina Vieira Casimiro Peixoto	
1857	Umbelina Cabrita Carolina Bastos Antônio Candido dos Reis Antônio de Souza Pinto Carolina Vieira Casimiro Peixoto Marciario Alves da Silva Francisco José de Sampaio Leopoldina Maria de Oliveira e Silva	Marciario Alves da Silva Francisco José de Sampaio Leopoldina M.de Oliveira e Silva	

NO	ESTUDANTES MA-TRICULADOS(AS)	ENTRADA	SAÍDA
1858	Umbelina Cabrita Carolina Bastos Antônio Candido dos Reis Antônio de Souza Pinto Carolina Vieira Casimiro Peixoto Marciario Alves da Silva Francisco José de Sampaio Leopoldina Maria de Oliveira e Silva Antonio José de Azevedo Francisco Lucio dos Santos Petronilho José da Silva Adelaide de Freitas Coutinho Amélia Petra de Almeida Francisco Pereira de Carvalho Manoel Pereira de Carvalho Maria Pereira de Carvalho Francisco da Silva Moreira Aurélia Furtado de Mendonça	Antonio José de Azevedo Francisco Lucio dos Santos Petronilho José da Silva Adelaide de Freitas Coutinho Amélia Petra de Almeida Francisco Pereira de Carvalho Manoel Pereira de Carvalho Maria Pereira de Carvalho Francisco da Silva Moreira Aurélia Furtado de Mendonça	Antônio Candido dos Reis Antônio de Souza Pinto

NO	ESTUDANTES MA-TRICULADOS(AS)	ENTRADA	SAÍDA
1859	Umbelina Cabrita Carolina Bastos Carolina Vieira Casimiro Peixoto Marciario Alves da Silva Francisco José de Sampaio Leopoldina Maria de Oliveira e Silva Antonio José de Azevedo Francisco Lucio dos Santos Petronilho José da Silva Adelaide de Freitas Coutinho Amélia Petra de Almeida Francisco Pereira de Carvalho Manoel Pereira de Carvalho Maria Pereira de Carvalho Francisco da Silva Moreira Aurélia Furtado de Mendonça João Flavio de Azevedo Antonio Marcellino Tibau	João Flavio de Azevedo Antonio Marcellino Tibau	Francisco da Silva Moreira Umbelina Cabrita Carolina Bastos Carolina Vieira Casimiro Peixoto

NO	ESTUDANTES MA-TRICULADOS(AS)	ENTRADA	SAÍDA
1860	Marciario Alves da Silva	Esperidião Gonçalves Fiuza	João Neponuceno Correa Cesar
	Francisco José de Sampaio	João Neponuceno Correa Cesar	Marciario Alves da Silva
	Leopoldina Maria de Oliveira e Silva	Camillo Soares de Almeida	Francisco José de Sampaio
	Antonio José de Azevedo		
	Francisco Lucio dos Santos		
	Petronilho José da Silva		
	Adelaide de Freitas Coutinho		
	Amélia Petra de Almeida		
	Francisco Pereira de Carvalho		
	Manoel Pereira de Carvalho		
	Maria Pereira de Carvalho		
	Aurélia Furtado de Mendonça		
	João Flavio de Azevedo		
	Antonio Marcellino Tibau		
	Esperidião Gonçalves Fiuza		
	João Neponuceno Correa Cesar		
	Camillo Soares de Almeida		

NO	ESTUDANTES MATRICULADOS(AS)	ENTRADA	SAÍDA
1861	Leopoldina Maria de Oliveira e Silva	Tobias Marcelino de Lemos	Petronilho José da Silva
	Antonio José de Azevedo		Amélia Petra de Almeida
	Francisco Lucio dos Santos		Antonio José de Azevedo
	Petronilho José da Silva		
	Adelaide de Freitas Coutinho		
	Amélia Petra de Almeida		
	Francisco Pereira de Carvalho		
	Manoel Pereira de Carvalho		
	Maria Pereira de Carvalho		
	Aurélia Furtado de Mendonça		
	João Flavio de Azevedo		
	Antonio Marcellino Tibau		
	Esperidião Gonçalves Fiuza		
	Camillo Soares de Almeida		
	Tobias Marcelino de Lemos		

NO	ESTUDANTES MA-TRICULADOS(AS)	ENTRADA	SAÍDA
1862	Leopoldina Maria de Oliveira e Silva Francisco Lucio dos Santos Adelaide de Freitas Coutinho Francisco Pereira de Carvalho Manoel Pereira de Carvalho Maria Pereira de Carvalho Aurélia Furtado de Mendonça João Flavio de Azevedo Antonio Marcellino Tibau Esperidião Gonçalves Fiuza Camillo Soares de Almeida Tobias Marcelino de Lemos Torquato do Amazonas	Torquato do Amazonas	Leopoldina M. de Oliveira e Silva Adelaine de Freitas Coutinho Aurélia Furtado de Mendonça
1863	Francisco Lucio dos Santos Francisco Pereira de Carvalho Manoel Pereira de Carvalho Maria Pereira de Carvalho	Flausino José da Costa Gama Anna Rosa Gorgolina Orminda Rosa Ferreira	

NO	ESTUDANTES MA-TRICULADOS(AS)	ENTRADA	SAÍDA
1863	João Flavio de Azevedo Antonio Marcellino Tibau Esperidião Gonçalves Fiuza Camillo Soares de Almeida Tobias Marcelino de Lemos Torquato do Amazonas Flausino José da Costa Gama Anna Rosa Gorgolina Orminda Rosa Ferreira		
1864	Francisco Lucio dos Santos Francisco Pereira de Carvalho Manoel Pereira de Carvalho Maria Pereira de Carvalho João Flavio de Azevedo Antonio Marcellino Tibau Esperidião Gonçalves Fiuza Camillo Soares de Almeida Tobias Marcelino de Lemos	Eduardo Gonsalves Valente Junior Theodoro Tolentino de Gusmão Carneiro	

NO	ESTUDANTES MATRICULADOS(AS)	ENTRADA	SAÍDA
1864	Torquato do Amazonas Flausino José da Costa Gama Anna Rosa Gorgolina Orminda Rosa Ferreira Eduardo Gonsalves Valente Junior Theodoro Tolentino de Gusmão Carneiro		
1865	Francisco Lucio dos Santos Francisco Pereira de Carvalho Manoel Pereira de Carvalho Maria Pereira de Carvalho João Flavio de Azevedo Antonio Marcellino Tibau Esperidião Gonçalves Fiuza Camillo Soares de Almeida Tobias Marcelino de Lemos Torquato do Amazonas Flausino José da Costa Gama Anna Rosa Gorgolina Orminda Rosa Ferreira	Peregrino Nogueira da Luz	Eduardo Gonsalves Valente Junior

NO	ESTUDANTES MA-TRICULADOS(AS)	ENTRADA	SAÍDA
1865	Eduardo Gonsalves Valente Junior Theodoro Tolentino de Gusmão Carneiro Peregrino Nogueira da Luz		
1866	Francisco Lucio dos Santos Francisco Pereira de Carvalho Manoel Pereira de Carvalho Maria Pereira de Carvalho João Flavio de Azevedo Antonio Marcellino Tibau Esperidião Gonçalves Fiuza Camillo Soares de Almeida Tobias Marcelino de Lemos Torquato do Amazonas Flausino José da Costa Gama Anna Rosa Gorgolina Orminda Rosa Ferreira	Augusto do Nascimento Natal João Baptista Paes Barreto	Francisco Lucio dos Santos

NO	ESTUDANTES MA-TRICULADOS(AS)	ENTRADA	SAÍDA
1866	Theodoro Tolentino de Gusmão Carneiro Peregrino Nogueira da Luz Augusto do Nascimento Natal João Baptista Paes Barreto		
1867	Francisco Pereira de Carvalho Manoel Pereira de Carvalho Maria Pereira de Carvalho João Flavio de Azevedo Antonio Marcellino Tibau Esperidião Gonçalves Fiuza Camillo Soares de Almeida Tobias Marcelino de Lemos Torquato do Amazonas Flausino José da Costa Gama Anna Rosa Gorgolina Orminda Rosa Ferreira Theodoro Tolentino de Gusmão Carneiro Peregrino Nogueira da Luz	Maria Luiza Ribeiro Leonidas Bittencourt Coelho Elidia Rosa Bittencourt Joaquim de Maranhão	Francisco Pereira de Carvalho Antonio Marcellino Tibau Torquato do Amazonas Theodoro T. de Gusmão Carneiro

NO	ESTUDANTES MA-TRICULADOS(AS)	ENTRADA	SAÍDA
1867	Augusto do Nascimento Natal João Baptista Paes Barreto Diogo José da Rocha Maria Luiza Ribeiro Leonidas Bittencourt Coelho Elidia Rosa Bittencourt Joaquim de Maranhão Deolinda Silves Pereira		
1868	Manoel Pereira de Carvalho Maria Pereira de Carvalho João Flavio de Azevedo Esperidião Gonçalves Fiuza Camillo Soares de Almeida Tobias Marcelino de Lemos Flausino José da Costa Gama Anna Rosa Gorgolina Orminda Rosa Ferreira Peregrino Nogueira da Luz Augusto do Nascimento Natal	Manoel Franklin Moreira de Almeida João Pereira de Malheiros José Pereira de Malheiros	Manoel Pereira de Carvalho Maria Pereira de Carvalho Esperidião Gonçalves Fiuza Tobias Marcelino de Lemos

NO	ESTUDANTES MA-TRICULADOS(AS)	ENTRADA	SAÍDA
1868	João Baptista Paes Barreto		
	Diogo José da Rocha		
	Maria Luiza Ribeiro		
	Leonidas Bittencourt Coelho		
	Elidia Rosa Bittencourt		
	Joaquim de Maranhão		
	Manoel Franklin Moreira de Almeida		
	João Pereira de Malheiros		
	José Pereira de Malheiros		

Fonte: O autor (2022)

8

TRANSCRIÇÃO DA CARTA-DENÚNCIA DO ESTUDANTE SURDO

O Inspetor Dr. Tobias Rabello Leite

Instituto dos Surdos-Mudos

Rio de Janeiro 31 de março de 1868.

O Inspetor Dr. Manoel de Magalhães Couto, pega a pistolão de seu bolso paletó preta o Inspetor Dr. Manoel de Magalhães Couto pega a punhal de seu bolso paletó preto as 12 horas noite me vê lembrando deitar nunca.

Rio de Janeiro 31 de março de 1868.

O inspetor Dr. Manoel de Magalhães Couto privando cala a Diogo muito ventre (===) é muito descontente.

Rio de Janeiro 31 de março de 1868.

O Inspetor Dr. Manoel de Magalhães Couto privando cala á Augusto muito sede bebe agua descontente.

Rio de Janeiro 29 de março de 1868.

O Inspetor José Alberico Magalhães Couto morde a braço cala á Joaquim muito dor descontente.

Rio de Janeiro 29 de março de 1868.

O Inspetor Dr. Manoel de Magalhães Couto bonito morde a braço cala á Joaquim dor descontente.

Rio de Janeiro 29 de março de 1868.

O Inspetor Dr. Manoel de Magalhães Couto é muito cuidadoso o Inspetor José Alberico Magalhães Couto.

Rio de Janeiro 28 de fevereiro de 1868.

O Inspetor Dr. Manoel de Magalhães Couto ira da um burro o Inspetor Dr. Tobias Rabello Leite.

Rio de Janeiro 28 de fevereiro de 1868.

O Inspetor Dr. Manoel de Magalhães Couto faz signos da um burro o Inspetor Dr. Tobias Rabello Leite.

Rio de Janeiro 28 de fevereiro de 1868.

Instituto dos surdos-mudos veremos o Inspetor Dr. Manoel de Magalhães Couto faz signos da um burro o inspetor Dr. Tobias Rabello Leite.

Rio de Janeiro 31 de fevereiro de 1868.

O inspetor José Alberico Magalhães Couto da uns socos as (===) Instituto dos surdos--mudos triste sempre descontente.

Rio de Janeiro 30 de dezembro de 1867.

O Inspetor Dr. Manoel de Magalhães Couto da uma (===) me estou muito vexado.

Rio de Janeiro 31 de março de 1868.

O Inspetor Dr. Manoel de Magalhães Couto é muito zangado sempre triste mão cala me estou muito corajoso mais.

Rio de Janeiro 30 de fevereiro de 1868.

O Inspetor José Alberico Magalhães Couto ira (===) o Inspetor Dr. Tobias Rabello Leite.

O Inspetor José Alberico Magalhães Couto ira da um burro o Inspetor Dr. Tobias Rabello Leite.

Rio de Janeiro 24 de fevereiro de 1868.

A inspetora Professora Francelina Gracer Magalhães Couto ira da um burro o inspetor Dr. Tobias Rabello Leite.

Rio de Janeiro 26 de fevereiro de 1868.

O inspetor dr. Manoel de Magalhães Couto era avareza Exmo. Inspetor Marquês de Olinda.

Rio de Janeiro 30 de 1868.

O Inspetor Dr. Manoel de Magalhães Couto ira avareza Exmo. Inspetor Conselheiro Senador José Joaquim Fernandes Torres.

Rio de Janeiro 31 de março de 1868.

O Inspetor Dr. Manoel de Magalhães Couto disse mandaremos negros Instituto dos surdos-mudos apanhemos os colchões sobre as cabeças fomos fora queimar os colchões.

Rio de Janeiro 31 de março de 1868.

Inspetor Dr. Manoel de Magalhães Couto é muito zangado arrasta paletó cala me estou muito vingativo sempre triste.

Rio de Janeiro 31 de março de 1868.

O inspetor Dr. Manoel de Magalhães Couto disse mandou negros dois da uns socos cala me estou muito vingativo sempre força mais

O Inspetor dr. Manoel de Magalhães Couto chama (===) com a Theonilha negra.

A Inspetora professora Francelina Gracer Magalhães Couto foi chama (===) com a João Baptista Gama fecha a porta.

31 de março de 1868.

O Inspetor Dr. Manoel de Magalhães escreveu a aula e andou a ver o Inspetor Dr. Tobias Rabello Leite venha a chácara nas laranjeiras nº 95.

Rio de Janeiro 20 de julho de 1867.

O Inspetor Dr. Manoel de Magalhães Couto chamamos homens e as mulheres.

O Inspetor Dr. Manoel de Magalhães Couto chamamos comemos convido homens e as mulheres.

O Inspetor Dr. Manoel de Magalhães Couto é muito

Rio de Janeiro 29 de março de 1868.

O Inspetor Diretor Manoel disse mandou que negro pegar cortar faca pedaço os pães servem de pães instituto dos surdos-mudos às 8 1/2 horas almoçar.

Nós instituto dos surdos-mudos inimigos o inspetor diretor Manoel e a inspetora Francelina e o inspetor José.

O Inspetor Diretor Manoel daremos não privando copos para água Instituto dos Surdos-mudos sede trisemos sempre sofremos.

O Inspetor Diretor Manoel é muito cuidadoso o inspetor José Alberico Magalhães Couto.

Rio de Janeiro, 29 de março de 1868.

O Inspetor Diretor disse mandou nós instituto dos surdos-mudos apanhamos a folhas fomos atiramos a folha fora. Sempre triste sempre sofremos.

Instituto dos surdos-mudos rogamos o Inspetor Dr. Tobias Rabello Leite disse expulsou mandar o Inspetor Diretor Manoel

Instituto dos surdos-mudos rogamos Exmo. Senhor Conselheiro Senador José Joaquim Fernandes Torres.

Instituto dos surdos-mudos nos estimo muito bonito o Inspetor Dr. Tobias Rabello Leite.

Instituto dos surdos-mudos nos estimo muito bonito Exmo. Inspetor Conselheiro Senador José Joaquim Fernandes Torres.

O Inspetor José Alberico Magalhães Couto de um soco as (===) Esperidião, Manoel, Flausino, Torquato, Antonio, Francisco, Valente,

Instituto dos surdos-mudos nos ajoelhamos rogamos o Inspetor Dr. Tobias Rabello Leite disse expulsar mandar o Inspetor Diretor e a inspetora Diretora

Instituto dos surdos-mudos nos ajoelhamos rogamos Exmo. Inspetor Conselheiro Senador José Joaquim Fernandes Torres.

Ilmo. Exmo. Inspetor.

Tobias Rabello Leite

X X X

Manoel P. De Carvalho.

Fonte: Transcrito do documento pelo próprio autor e o original se encontra no Arquivo Nacional

REFERÊNCIAS

ACERVO HISTÓRICO DO INES. *Carta de Edouard Huet ao Imperador Dom Pedro II*. Rio de Janeiro, 1855.

ACERVO HISTÓRICO DO INES. *Carta de Marquês de Abrantes ao Imperador*. Rio de Janeiro, 1857.

ACERVO HISTÓRICO DO INES. Mapa pedagógico de Huet. Rio de Janeiro, 1858.

ALMEIDA, Sandra. Castigos corporais nas escolas da Corte: a lei e a ação docente (1860-1891). V CONGRESSO BRASILEIRO DE HISTÓRIA DA EDUCAÇÃO. 2008, Aracaju. *Anais* [...]. Aracaju, 2008. p. 1-6.

ARAGÃO, Milena; FREITAS, Ana Maria. Práticas dos castigos escolares: enlaces históricos entre normas e cotidiano. *Conjectura*, Caxias do Sul, v. 17, n. 2, p. 17-36, maio/ago. 2012.

ARQUIVO NACIONAL. *Carta de Frei João da Nossa Senhora do Carmo ao Marquês de Olinda*. Rio de Janeiro, 23 de setembro de 1862.

ARQUIVO NACIONAL. *Carta de Manoel de Magalhães Couto ao Presidente da Província do Rio de Janeiro*. Rio de Janeiro, 25 de julho de 1867.

ARQUIVO NACIONAL. *Carta de Manoel de Magalhães Couto a José Joaquim Fernandes Torres*. Rio de Janeiro, 29 de outubro de 1867.

ARQUIVO NACIONAL. *Carta de Manoel de Magalhães Couto a José Joaquim Fernandes Torres*. Rio de Janeiro, 30 de outubro de 1867.

ARQUIVO NACIONAL. *Carta de José Joaquim Fernandes Torres a Manoel de Magalhães Couto*. Rio de Janeiro, 21 de novembro de 1867.

ARQUIVO NACIONAL. *Carta de Manoel de Magalhães Couto a José Joaquim Fernandes Torres*. Rio de Janeiro, 9 de dezembro de 1867.

ARQUIVO NACIONAL. *Carta de Manoel de Magalhães Couto a José Joaquim Fernandes Torres*. Rio de Janeiro, 10 dezembro de 1867.

ARQUIVO NACIONAL. *Carta de Tobias Rabello Leite a José João Fernandes Torres*. Rio de Janeiro, 25 de março de 1868.

ARQUIVO NACIONAL. *Carta de Manoel Pereira de Carvalho ao Inspetor Tobias Rabello Leite*. Rio de Janeiro, 29 de março de 1868.

ARQUIVO NACIONAL. *Carta de Manoel de Magalhães Couto a José Joaquim Fernandes Torres*. Rio de Janeiro, 15 de abril de 1868.

ARQUIVO NACIONAL. *Carta de Tobias Rabello Leite a José Joaquim Fernandes Torres*. Rio de Janeiro, 1 de abril de 1868.

ARQUIVO NACIONAL. *Carta de Manoel de Magalhães Couto a José Joaquim Fernandes Torres*. Rio de Janeiro, 10 de maio de 1868.

ARQUIVO NACIONAL. *Carta do Presidente da Província do Rio de Janeiro a Manoel de Magalhães Couto*. Rio de Janeiro, maio de 1868.

ARQUIVO NACIONAL. *Carta de Tobias Rabello Leite a José Joaquim Fernandes Torres*. Rio de Janeiro, 7 de maio de 1868.

ARQUIVO NACIONAL. *Carta de Tobias Rabello Leite a José Joaquim Fernandes Torres*. Rio de Janeiro, 11 de maio de 1868.

ARQUIVO NACIONAL. *Carta de Tobias Rabello Leite a José Joaquim Fernandes Torres*. Rio de Janeiro, 13 de maio de 1868.

ARQUIVO NACIONAL. *Carta de Tobias Rabello Leite ao Vice-Presidente da Província do Rio de Janeiro*. Rio de Janeiro, 23 de maio de 1868.

ARQUIVO NACIONAL. *Carta de Nemo Alvares Pereira Sousa a José Joaquim Fernandes Torres*. Rio de Janeiro, 5 de junho de 1868.

ARQUIVO NACIONAL. *Carta de Manoel Magalhães Couto a José Joaquim Fernandes Torres*. Rio de Janeiro, 8 de junho de 1868.

ARQUIVO NACIONAL. *Carta de Tobias Rabello Leite a José Joaquim Fernandes Torres*. Rio de Janeiro, 13 de junho de 1868.

ARQUIVO NACIONAL. *Carta de Tobias Rabello Leite a João Alfredo Correa de Oliveira*. Rio de Janeiro, 11 de fevereiro de 1874.

BARMAN, Roderick J. *Imperador cidadão*. São Paulo: Editora Unesp, 2012. v. 1.

BARBOSA, Priscila Costa Lemos. *Na trama das determinações discursivas*: o surdo e o cidadão nacional no Compendio para o Ensino dos Surdos-Mudos. 2017. 172 p. Dissertação (Mestrado em Linguística) — Universidade do Estado do Rio de Janeiro, Instituto de Letras, Rio de Janeiro, 2017.

BARROS, José D'Assunção. *O campo da história*: especialidades e abordagens. Petrópolis: Vozes, 2004.

BARROS, José D'Assunção. A História Cultural e a contribuição de Roger Chartier. *Diálogos*, Maringá, v. 9, n. 1, p. 125-141, 2005.

BAUMAN, H-Dirksen. (org.). *Open your eyes*: deaf studies talking. Minneapolis: The University of Minnesota Press, 2008.

BENVENUTO, Andrea; SÉGUILLON, Didier. Primeiros banquetes dos surdos-mudos no surgimento do esporte silencioso 1834-1924: por uma história política das mobilizações coletivas dos surdos. Belém: *Moara–Revista Eletrônica do Programa de Pós-Graduação em Letras*, n. 45, p. 60-78, 2016.

BIBLIOTECA NACIONAL. *Almanak Laemmert Administrativo, Mercantil e Industrial da Corte e Provincia do Rio de Janeiro*. Rio de Janeiro, 1844-1889.

BIBLIOTECA NACIONAL. *Annaes de Medicina Brasiliense*: Jornal da Academia Imperial de Medicina do Rio de Janeiro, Rio de Janeiro, ano 2, v. 2, 3. ed., ago. 1846.

BIBLIOTECA NACIONAL. *Correio Mercantil, e Instructivo, Político, Universal.* Rio de Janeiro, 1 de maio de 1849.

BIBLIOTECA NACIONAL. *Correio Mercantil e Instructivo, Político, Universal.* Rio de Janeiro, 6 de dezembro de 1856.

BIBLIOTECA NACIONAL. *Correio Mercantil, e Instructivo, Político, Universal.* Rio de Janeiro, 5 de janeiro de 1863.

BIBLIOTECA NACIONAL. *Diário do Rio de Janeiro*. Rio de Janeiro, 20 de julho de 1863.

BIBLIOTECA NACIONAL. *Jornal do Commercio*. Rio de Janeiro, 1 de maio de 1849.

BIBLIOTECA NACIONAL. *Correio Mercantil, e Instructivo, Politico,* Universal. Rio de Janeiro, 2 de maio de 1849.

BIBLIOTECA NACIONAL. *Jornal do Commercio*. Rio de Janeiro, 9 de junho de 1855.

BIBLIOTECA NACIONAL. *Jornal do Commercio*. Rio de Janeiro, 8 de dezembro de 1856.

BIBLIOTECA NACIONAL. *Jornal do Commercio*. Rio de Janeiro, 9 de fevereiro de 1858.

BIBLIOTECA NACIONAL. *Jornal do Commercio*. Rio de Janeiro, 29 de dezembro de 1859.

BIBLIOTECA NACIONAL. *O Mequetrefe, ano n° 2, edição n° 83*. Rio de Janeiro, 1876.

BIBLIOTECA NACIONAL. *Notícia Histórica dos estabelecimentos dependentes do Ministério de Justiça e Negócios Interiores, Memória XXV*. Rio de Janeiro, 1898.

BIBLIOTECA NACIONAL. *O Jornal Correio da Tarde*: Jornal Commercial, Político, Litterario e Noticioso. Rio de Janeiro, 16 de maio de 1860.

BRASIL. Lei n° 939, de 26 de setembro de 1857. Fixa a despesa e orça a receita para o exercício de 1858-1859. *Coleção das leis do Império do Brasil*. Rio de Janeiro: parte 1, 1857. p. 37.

BRASIL. *Relatórios Ministeriais do Império*. Rio de Janeiro, 1860.

BRASIL. *Relatórios Ministeriais do Império*. Rio de Janeiro, 1867.

BRASIL. Decreto n° 4.046, de 19 de dezembro de 1867. Aprova o Regulamento Provisório do Instituto dos Surdos-Mudos. *Coleção das leis do Império do Brasil*, Rio de Janeiro: parte 2, 1867. v. 1. p. 452.

BRASIL. Lei n° 10.436, de 24 de abril de 2002. Dispõe sobre a Língua Brasileira de Sinais – LIBRAS e dá outras providências. *Diário Oficial da União*, Brasília, DF, 25 abr. 2002.

BRASIL. Decreto n° 5.626, de 22 de dezembro de 2005. Regulamenta a Lei n° 10.436, de 24 de abril de 2002, que dispõe sobre a Língua Brasileira de Sinais – LIBRAS, e o art. 18 da Lei n° 10.098, de 19 de dezembro de 2000. *Diário Oficial da União*, Brasília, DF, 23 dez. 2005.

BRASIL. Lei n° 12.711, de 29 de agosto de 2012. Dispõe sobre o ingresso nas universidades federais e nas instituições federais de ensino técnico de nível médio e dá outras providências. *Diário Oficial da União*: seção 1, Brasília, DF, p. 1, 30 ago. 2012.

BRASIL. Ministério da Saúde. Fundação Nacional de Saúde. Cronologia histórica da saúde pública. Brasília, DF: Ministério da Saúde, 7 ago. 2017. Disponível em: http://www.funasa.gov.br/cronologia-historica-da-saude-publica. Acesso em: 4 out. 2022.

CARVALHO, Paulo Vaz de. História da Educação de Surdos: o que dizem as fontes documentais. *Revista Online da Escola Superior de Educação do Instituto Politécnico de Setúbal*, Setúbal, v. 7, n. 1, p. 101-110, 2019.

CANTIN, Yann; CANTIN, Angélique. *Dictionnaire biographique des grands sourds en France: les silencieux de France (1450-1920)*. Paris: Archives et Culture, 2017.

CERTEAU, Michel de. *A escrita da história*. Rio de Janeiro: Forense Universitária, 2002.

CONCEIÇÃO, Joaquim Tavares da. *Internar para educar*: colégios-internatos no Brasil (1840-1950). 2012. 323 p. Tese (Doutorado em História) — Faculdade de Filosofia e Ciências Humanas, Universidade Federal da Bahia, Bahia, 2012.

CONCEIÇÃO, Joaquim Tavares. Pensões e enxovais: investimentos familiares com a instrução em internatos na Corte Imperial do Rio de Janeiro (século XIX). *Revista História da Educação*, São Leopoldo, v. 23, p. 3-35, 2019.

COSTA, Jurandir Freire. *Ordem médica e norma familiar*. Rio de Janeiro: Edições Graal, 1989.

DURKHEIM, Emile. *A evolução pedagógica*. Porto Alegre: Artes Médicas, 1995.

FREYRE, Gilberto. *Sobrados e Mucambos*: decadência do patriarcado rural e desenvolvimento do urbano. São Paulo: Global, 2003.

GAMA, Flausino José. *Iconographia dos signaes dos surdos-mudos*. Rio de Janeiro: Tipografia Universal de E & S. Laemmert, 1875.

GONÇALVES, Helen. A tuberculose ao longo dos tempos. *História, Ciências, Saúde-Manguinhos*, Rio de Janeiro, v. 7, n. 2, p. 305-327, out. 2000.

GONÇALVES, Radai Cleria Felipe. *O silêncio eloquente*: a gênese do imperial Instituto de Surdos-Mudos no Século XIX (1856-1896). 2016. 171 p. Dissertação (Mestrado em Educação) — Programa de Pós-Graduação em Educação, Universidade Estadual de Mato Grosso do Sul, Paranaíba, 2016.

HOLANDA, Sérgio Buarque de; CAMPOS, Pedro Moacyr. (org.). *História geral da civilização brasileira*. Tomo II: O Brasil Monárquico. Volume 6: Declínio e queda do Império. São Paulo: Difel, 1974.

JANUZZI, Gilberta de Martino. *A educação do deficiente no Brasil*: dos primórdios ao início do século XXI. Campinas: Autores Associados, 2012.

JULLIAN, Chistian Giorgio. Un héroe francés en el silencio: Eduardo Huet y la conformación de la identidad sorda en México. *In:* Siller, J. P.; Cramaussel, C. C. (org.). México Francia: memoria de una sensibilidad común; Siglos XIX-XX. México: Centro de Estudios Mexicanos y Centroamericanos, 2008. p. 385-410.

KNAPIK, Danilo da Silva; ROCHA, Solange Maria da. Edouard Adolphe Huet: notas biográficas. *In*: SOUZA, Rita de Cácia Santos; VITORINO, Anderson Francisco; SOUZA, Adriana Alves Novais (org.). *Educação de surdos*: representações e diálogos contemporâneos. Aracaju: Criação Editora, 2022. p. 17-39 Disponível em: https://editoracriacao.com.br/educacao-de-surdos-representacoes-e-dialogos-contemporaneos/. Acesso em: 20 out. 2022.

LADD. Paddy. *Em busca da surdidade 1*: colonização dos surdos. Lisboa: Editora Surd´Universo, 2013.

LAGUNA, Maria Cristina Viana. *Moralidade, Idoneidade e Convivência*: discursos sobre as práticas dos repetidores de classe do INES no período de 1855 a 1910 que incidem na atuação profissional dos tradutores-intérpretes de língua de sinais da atualidade. 2015. 157 p. Dissertação (Mestrado em Educação) – Programa de Pós-Graduação em Educação, Faculdade de Educação, Universidade Federal do Rio Grande do Sul, Porto Alegre, 2015.

LEMOS, Daniel Cavalcanti de Albuquerque. Os cinco olhos do diabo: os castigos corporais nas escolas do século XIX. *Educação e Realidade*, Porto Alegre, v. 37, n. 2, p. 627-646, maio/ago. 2012.

LOCKE, John. *Reflexões sobre educação*. Madri: Akal, 1986.

LIBBY, Douglas Cole. Sociedade e cultura escravista como obstáculos ao desenvolvimento econômico: notas sobre o Brasil oitocentista. *Estudos Econômicos*, São Paulo, v. 23, n. 3, p. 445-476, set./dez. 1993.

MACHADO, João da Matta. *Educação physica, moral e intelectual da mocidade no rio de janeiro, e da sua influência sobre a saúde*. 1874. 55 f. Tese (Doutorado em Medicina) – Faculdade de Medicina do Rio de Janeiro, Rio de Janeiro, 1874.

MAZZOTTA, Marcos José da Silveira. *Educação especial no Brasil*: história e políticas públicas. São Paulo: Cortez, 2011.

MELLO, Balthasar Vieira de. *Hygiene escolar e pedagógica*: para uso de médicos, educadores e estabelecimentos de ensino. São Paulo: Casa Vanorden, 1917.

MELO, Ana Lúcia de Oliveira. *O castigo corporal na escola*: vestígios em Alagoas no Império e República. 2013. 60 p. Trabalho de Conclusão de Curso (Licenciatura em Pedagogia) – Universidade Federal de Alagoas, Maceió, 2013.

MENDONÇA, Alana; DIAS, Maiely; MARTINS, Monica; CRUZ, Osilene. O passado tem história: análise sistêmico-funcional da carta de Huet para a criação do Instituto Nacional de Educação de Surdos. Dourados: *Interletras*, v. 8, n. 29, 2019.p. 1-18.

MERISSE, Antônio. As origens das instituições de atendimento à criança: o caso das creches. *In*: JUSTO, José Sterza; ROCHA, Luiz Carlos da; VASCONCELOS, Mário Sérgio (org.). *Lugares da infância*: reflexões sobre a história da criança na fábrica, creche e orfanato. São Paulo: Arte & Ciência, 1997. p. 25-51.

MOREIRA, Laura Monteiro de Castro; ALVES, Cláudia Regina Lindgren; BELISÁRIO, Soraya Almeida; BUENO, Mariana de Caux. Políticas públicas voltadas para a redução da mortalidade infantil: uma história de desafios. *Revista Médica de Minas Gerais*, Belo Horizonte, v. 22, supl. 7, p. 48-55, 2012.

MOTTEZ, Bernand. The Deaf-Mute banquets and the birth of the Deaf movement. *In*: FISCHER, Renate.; LANE, Harlan. (ed.). *Looking back*: A reader on the history of Deaf communities and their sign languages. Hamburg: Signum, 1993. p. 143-155.

NISKIER, Arnaldo. *História da educação brasileira*: de José de Anchieta aos dias de hoje. São Paulo: Editora Europa, 2011.

PAULA, Tatiane; LOGUERCIO, Rochele. A educação das pessoas com deficiência: formação de discursos. *SciELO Preprints*. 2021. Disponível em: https://preprints. scielo.org/index.php/scielo/preprint/view/2841/version/3001. Acesso em: 5 out. 2022.

PEREIRA, Raimundo José. *Anatomia da diferença*: uma investigação teórico-descritiva da deficiência à luz do cotidiano. 2006. 174 f. Tese (Doutorado em Saúde Pública) – Fundação Oswaldo Cruz, Rio de Janeiro, 2006.

PERLIN, Gladis. *O ser e o estar sendo surdos*: alteridade, diferença e identidade. 2003. 156 p. Tese (Doutorado em Educação) – Programa de Pós-Graduação em Educação, Universidade Federal do Rio Grande do Sul, Porto Alegre, 2003.

PERLIN, Gladis. O lugar da cultura surda. *In*: THOMA, Adriana; LOPES, Maura (org.). *A invenção da surdez*: cultura, alteridade, identidade e diferença no campo da educação. Santa Cruz do Sul: Edunisc, 2004. p. 73-82.

PERLIN, Gladis; STROBEL, Karin. História cultural dos surdos: desafio contemporâneo. *Educar em Revista*, Curitiba, ed. esp., n. 2, p. 17-31, 2014.

POLLAK, Michael. Memória, esquecimento, silêncio. *Revista estudos históricos*, v. 2, n. 3, p. 3-15, 1989.

REIS, Vânia. *A criança surda e seu mundo*: o estado da arte, as políticas e as intervenções necessárias. 1992. 243 f. Dissertação (Mestrado em Educação) – Universidade Federal do Espírito Santo, Vitória, 1992.

RIBEIRO, Paulo. História da saúde mental infantil: a criança brasileira da Colônia à República Velha. *Psicologia em Estudo*, Maringá, v. 11, n. 1, p. 29-38, jan./abr. 2006.

RIBEIRO, Djamila. *Lugar de fala*. São Paulo: Editora Jandaíra, 2019.

ROCHA, Solange Maria da. *O INES e a educação de surdos no Brasil*: aspectos da trajetória do Instituto Nacional de Educação de Surdos em seu percurso de 150 anos. Rio de Janeiro: Ines, 2008.

ROCHA, Solange Maria da. *Antíteses, díades, dicotomias no jogo entre memória e apagamento presentes nas narrativas da história da educação de surdos*: um olhar para o Instituto Nacional de Educação de Surdos (1856/1961). 2009. 163 f. Tese (Doutorado em Educação) – Programa de Pós-graduação em Educação, Pontifícia Universidade Católica do Rio de Janeiro, Rio de Janeiro, 2009.

ROCHA, Solange Maria da. *Instituto Nacional de Educação de Surdos*: uma iconografia dos seus 160 anos. Rio de Janeiro: MEC & Ines, 2018.

SILVA, Aline Maira da. *Educação especial e inclusão escolar*: história e fundamentos. Curitiba: InterSaberes, 2012.

SILVA, Danilo da. *Políticas de acessibilidade para surdos*: perfil e condições de trabalho dos tradutores intérpretes de língua brasileira de sinais (Libras) das escolas da Rede Estadual de ensino de Curitiba e Região Metropolitana. 2016. 193 p. Dissertação (Mestrado em Educação) – Setor de Educação, Universidade Federal do Paraná, Curitiba, 2016.

SNYDERS, Georges. Os séculos XVII e XVIII. *In*: DEBESSE, Maurice; MIALARET, Gaston (org.). *Tratado das Ciências Pedagógicas 2*. História da Pedagogia. São Paulo: Companhia Editora Nacional, 1974. p. 306-323.

SOFIATO, Cássia Geciauskas. *Do desenho à litografia*: a origem da língua brasileira de sinais. 2011. 290 p. Tese (Doutorado em Artes) – Instituto de Artes, Universidade Estadual de Campinas, Campinas, 2011.

SOUZA, Rita de Cássia de. Punições e disciplina: introdução ao estudo da cultura escolar. CONGRESSO DE PESQUISA E ENSINO EM HISTÓRIA DA EDUCAÇÃO EM MINAS GERAIS. 2003, Uberlândia. *Anais* [...]. Uberlândia, 2003. p. 606-614.

SOUZA, Veronica. *Tobias Leite*: educação dos surdos no século XIX. Aracaju: Editora UFS, 2014.

SOUZA, Bianca Spaler Martins. *Produção de conhecimento na história*: levantamento de dissertações e teses no período de 2005 a 2019. 2021. Trabalho de Conclusão de Curso (Licenciatura em Letras/Libras) – Setor de Ciências Humanas, Universidade Federal do Paraná, Curitiba, 2021.

STROBEL, Karin Lilian. *Surdos*: Vestígios Culturais não registrados na história. 2008. 176 p. Tese (Doutorado em Educação) – Programa de Pós-Graduação em Educação, Universidade Federal de Santa Catarina, Florianópolis, 2008.

SKLIAR, Carlos. *A surdez*: um olhar sobre as diferenças. Porto Alegre: Mediação, 2013.

TERCEIRO, Francisco. *Deafhood*: contribuições de Paddy Ladd à educação bilingue. 2018. 126 p. Dissertação (Mestrado em Educação) – Setor de Educação, Universidade Federal do Paraná, Curitiba, 2018.

WRIGLEY, Owen. *The politics of deafness*. Washington: Gallaudet University Press, 1996.